KB175769

임원이 된다는 것

BEING A GOOD EXECUTIVE

임원이 된다는 것

김혜영 지음

페이퍼로드
paperroad

세상에서 가장 든든한 지원자, 남편 김지현과

'제 때 자는 것'으로 엄마의 집필을 허해준

아들 주원에게 이 글을 바칩니다.

프롤로그

인생은 운이고 운은 곧 만남이다.

　누군가와의 만남이 길운吉運일지 불운不運일지 그때는 알지 못한다. 인생의 전환점은 예기치 않은 순간에 불쑥 찾아온다. 거부하고 싶던 그 '만남'이 새로운 지평을 열어줄 '기회'가 될 줄을 그때는 몰랐다. 그룹 경력입사자들의 순조로운 안착을 고민하던 어느 날, 팀장님은 잔잔한 수요일의 평화에 거대한 물결을 일으켰다. "다음 달부터 임원 과정 맡아보면 어때? 임원들과 가까워질 수도 있고. 좋잖아?" 섣불리 답하지 못했다. 목구멍 언저리를 맴도는 마음의 소리는 두 가지였다. "팀장님, 저한테 왜 이러세요", "싫어요."

인재 개발을 업으로 삼는 이에게 기피 대상 1호는 단연 코 임원이다. 담당하는 교육과정에 임원 한두 명만 들어와도 신경 쓸 일은 배가 된다. 임원과의 기나긴 시간을 무사히 보내면, 아니 살아내면 너나 할 것 없이 담당자의 수고로움에 경의를 표한다. 그 임원이 내게는 수백 명이라니. 꿈인지 현실인지, 삼재인지 기회인지 확인하기도 전에 '전문의전인'으로 거듭날 채비를 서둘러야 했다. 종이를 가득 채운 임원들의 이름을 들고 혹여 직위, 직책 하나 잘못될까 확인을 거듭했다. 안면인식장애가 있는 건 아닌지 스스로를 의심하면서 임원들의 사진을 모았다. 얼핏 비슷해 보이는 40~50대 남성의 얼굴을, 좋아하는 아이돌 사진만큼이나 마르고 닳도록 봤다. 임원과 마주했을 때 첫 번째 행동 수칙은 '이름과 얼굴을 매칭시키는 것'으로 그들의 존재를 인정해주는 것이니까. 내가 가진 부담과 욕심의 무게만큼 그들을 알기 위해 노력했다. 입 꼬리를 광대까지 한껏 끌어올린 채 퇴근하는 동료들을 뒤로하고 입사 이래 가장 치열한 일주일을 마감했다. 그러고는 30대 미혼 직장인이 가장 행복해야할 불타는 금요일 밤에, 응급실로 향했다. 병명은 극심한 스트레스로 인한 급성 편도선염이었다.

그때는 몰랐고 지금은 안다. 행운은 불운의 탈을 쓰고 온다는 사실을 말이다. 실무자와 연구자 언저리의 삶을 빙

빙 돌면서 알게 됐다. 그때의 만남은 분명 인생의 길운이다. 성공하려면 성공한 사람들을 곁에 두라고 하지 않던가. 조직 피라미드 상층부에서 '성공'이라는 이름으로 불리는 수백 명을 곁에 두는 영광은 다시 오지 않을 기회였다. 지금은 임원의 시각과 관심사, 그들의 가치관을 알고자 분투하던 무수히 많은 밤들에 감사한다. 훗날 돌아보니 임원들과의 시간은 하나의 점dot이었다. 그 점이 리더십 관련 프로젝트, 교육, 연구라는 또 다른 점들과 연결되어 임원에 대한 나만의 인사이트라는 선line을 만들었다.

누군가 내게 "임원이 되어야 하나요?"라고 묻는다면 자신 있게 답하겠다. 그렇다. 임원에 대한 오해와 편견이 어떠한들, 임원은 분명 될 만한 가치가 있는 자리다. '임원이 된다는 것'은 성공 그 이상의 의미다. 평범한 직원이 임원으로 성장하기 위해 갖추어야 할 역량은 기존에 없던 새로운 역량이 아니다. 오히려 누구나 아는 기본적인 역량에 속한다. 임원이 됐다는 것은 이미 알고 있는 기본을 실천했다는 방증이다. 임원은 단순히 인생을 잘 산 사람이 아니다. 인생을 잘 사는 방법을 알고 실천한 사람이다. '기본'을 실천하는 사람은 임원이 아닌 길을 가더라도 제자리에서 성공을 이룬다.

이러한 관점에서 『임원이 된다는 것』은 세 가지 화두를 탐험한다. 먼저 임원에 대한 오해와 진실이다. 소위 '요즘 것들'은 '임원=꼰대'라는 공식 아래 임원의 역할과 지위를 평가절하한다. 첫 번째 장에서는 임원에 대한 흔한 오해와 편견을 바로잡는다. 임원들과 함께한 시간을 무기 삼아 대신 해명하는 자리다. 오해는 바로잡고 진실은 더욱 깊이 있게 알아본다. 두 번째, 세 번째, 네 번째 장에서는 임원의 자격에 대한 이야기를 나눈다. 달리 말하면 임원을 꿈꾸는 사람이 갖추어야 할 역량이기도 하다. 성공에 이르는 경로는 제각기 다르다. 그러나 성공을 관통하는 기본적인 역량은 분명 존재한다. 누구나 알고 있는 '기본'을 임원들이 어떻게 실천하는지 알아본다. 마지막 장에서는 그냥 임원 말고 좋은 임원의 행동을 다룬다. 리더는 결국 구성원과 스스로에게 영향력을 행사하는 자리다. 좋은 임원은 어떤 사람인지, 어떻게 선한 영향력을 행사하는지 살펴본다.

『임원이 된다는 것』은 대기업 임원의 삶을 조명한다. 어쩌면 이런 우려를 나타내는 독자가 있을지도 모르겠다. "혹시 임원에 대한 찬양, 임원의 신격화 아닌가요?" 그런데, 꼭 그렇지만은 않다. 세상에는 단점이 8할인 임원도 있고, 이해할 수 없는 경로로 임원이 된 경우도 있다. 허나, 500여 명의 임원을 만나며 얻은 인사이트 중 하나는 임원이 된 데는 다 그만한 이유가 있다는 것이다. 이 책은 임원이 가진 수십 가지 단점을 무색하게 만드는 한 가지 장점에 집중

한다. 임원들의 말과 행동에서 눈에 보이는 부분은 보려 했고 눈에 보이지 않는 부분은 연구와 조사, 인생관과 가치관에 대한 대화를 통해 알고자 노력했다.

좋은 것만 보고 배우기에도 모자란 시간이다. 임원이 가진 좋은 면은 취사선택하여 삶에 적용하길 바란다. 생각이 다른 부분이 있다면, 리더십에 대한 자신만의 기준을 세우는 기회로 삼길 바라면서 집필했다.

『임원이 된다는 것』은 임원들과의 만남에서 얻은 인사이트 7할에 그들을 더욱 더 잘 알고 싶은 열망 3할을 담았다. 임원은 누구인지, 어떤 삶을 사는지, 수백 명의 성공을 관통하는 역량에 무엇이 있는지 궁금하다면, 혹은 좋은 임원이 되기를 꿈꾸는 '직원'이라면, 숙독하길 바란다. 이 책의 여정을 마치고 '임원이 된다는 것'의 의미를 찾는다면 더할 나위 없겠다.

2020년 3월
김혜영

차례

임원의 자격 1
일을 관리하라

임원의 자격 2
관계를 관리하라

임원의 자격 3
삶을 관리하라

V '좋은 임원'이 된다는 것

I

같은 회사, 다른 직원.
우리는 서로를 모른다.
통하지 못한 채 성과를 내고 수익을 창출한다.
자신이 하는 일의 의미도 정확히 알지 못한 채 무작정 달리는 이 곳,
회사란 참으로 이상한 곳이다.

우리는 임원을 모른다

임원에 대한 아홉 가지 오해와 진실

1

임원은 '운'만으로 될 수 없다

회사 생활에서 결코 잊을 수 없는 강렬한 하루는 6년 전으로 거슬러 올라간다. 눈앞에 검은 무리의 사람들이 등장한 날. 500여 명의 임원과 마주했던 순간이다. 얼핏 보면 검은 옷을 맞춰 입은 각 잡힌 군인인가 싶다가도, 자세히 보면 옆집 아저씨처럼 친근하게 느껴지는 '임원'이라 불리는 사람들. 그들은 어떻게 이 자리까지 올 수 있었을까? 그들의 커리어 이면에는 무엇이 있을까?

혹자는 말한다. 왕후 장상의 씨가 따로 있듯 대기업 임원에는 하늘에서 점지해주는 '그 무엇'이 있다고. 육성의 힘을 강조하는 학자들은 임원이란 꾸준한 개발과 교육으로 만들어진 사람들이라고 응한다. 나는 리더십 교육 실무자이자, 교육학 연구자로서 여전히 그 답을 찾고 있다. 안타깝게도 아직까지 100%의 답을 제시할 수 있는 사람은 없다. 다만, 오랜 시간 임원들과 마주하며 깨달은 바가 있다. 임원이 된다는 건 두 가지로 결정된다. 첫째, 80%의 변수와 20%의 상수. 둘째, 모든 임원에게는 상황을 종료시킬 수 있는 한 방, 자신만의 비장의 무기가 있다. 그 한 방의 힘은 강력하다. 우리의 생각 이상으로.

80%의 변수와 20%의 상수

80%의 변수와 20%의 상수에 대해 알아보자. 회사의 선택을 받은 0.6%의 임원이 될 영광은 8할이 상황, 환경, 운 같은 변수에 달려 있다. 취업, 승진처럼 인생의 중요한 이슈도 '운칠기삼'이듯 임원이 되는 일 역시 변수가 8할이다.

　여기 두 명의 부장이 있다. 국내 최고 대학을 수석 졸업하고 그룹의 인사, 재무, 경영전략을 두루 거친 강부장. 강부장은 묵묵히 소임을 다하는 스타일이다. 우직함과 성실함의 대명사로 인정받아 왔으며 명석한 두뇌에 성실함이 더해져 타사의 벤치마킹 대상이 될 만한 독자적인 제도들을 여럿 탄생시켰다. 그리고 강부장의 몇 남지 않은 입사 동기 이부장. 그의 좌우명은 '가늘고 길게'다. 후배들은 그를 '낄끼빠빠(낄 데 끼고 빠질 데 빠지는 것)'1도 모르는 사람이라 말한다. 대신 그는 눈치가 빠르다. 구성원 간의 역학관계를 1등으로 파악한다. 게다가 소문의 진상을 가장 먼저 선점하는 조직 내 '빅 마우스Big mouth'다. 이런 역량(?) 덕에 입사 이래 여러 명의 상사를 보좌했고 그들의 성공을 도왔다. 시간이 흘러 임원 인사를 위한 세션이 진행되는 날. 신사업을 총괄할 실장 자리를 놓고 강부장과 이부장이 나란히 물망에 올랐다. 그룹의 선택은? 이부장이다.

이부장은 단지 '운이 좋은 사람'일까? 그렇지 않다. 이부장을 둘러싼 변수의 무게가 강부장의 것보다 컸다. 대개 직원 수는 조직의 상황과 제도에 따라 변하지만 임원의 총원은 거의 변함이 없다. 신임임원이 탄생하는 사례는 둘 중 하나다. 그룹의 전략이 확장돼 이를 총괄할 소수의 자리가 만들어졌거나, 선배 임원이 그룹에서 완전히 사라졌거나. 그 자리를 채우는 자가 바로 위풍당당 '신임임원'이다.

강부장과 이부장이 신임임원 후보로 오른 자리가 그룹 커뮤니케이션실장 자리라면 어떨까? 대외관리와 위기관리가 요구되는 자리라면? 때마침 인사권자가 강부장의 동향 사람이자 고등학교 선배였다면? 물러난 임원이 집에 간 이유가 '입' 때문이었다면? 강부장의 페이스북에 기자 친구가 수십 명이라면? 모든 변수의 무게가 강부장 쪽으로 기울어 '강부장이 그 자리의 주인이 되리라' 소리칠 것이다. 조직과 사람을 둘러싼 다양한 변수의 힘으로 신임임원이 탄생한다. 이부장의 사례를 고급스럽게 표현해보자. 찰스다윈Charles Robert Darwin은 그의 저서『종의 기원』에서 미래에 살아남는 종족은 가장 강한 종족도, 가장 지적인 종족도 아닌 환경의 변화에 가장 잘 적응하는 종족이라고 했다. 이 논리에 비추어 보자. 이부장은 빠삭한 눈치로 조직을 둘러싼 관계와 환경을 인지했고, 적절히 대응했다. 빠르게 변화하는 기업의 속도에 편승하여 적응하고 대처했다. 마침내 살아남았고 임원으로 '진화'했다.

그렇다면 임원을 만드는 20%의 상수는 무엇일까? 직장인이 기본으로 지녀야 할 상수는 단연 개인의 역량이다. 개인의 역량은 흔히 인지역량Thinking, 실행역량Working, 관계역량Relating으로 구분된다. 인지역량은 정보를 이해하고 핵심을 파악하는 능력이다. 인지역량이 높으면 정보를 활용하고 계획하는 전략, 기획 분야에서 두각을 나타낸다. 실행역량은 계획을 추진해 과업을 완수하는 능력이다. 실행역량이 높으면 생산이나 영업 분야에서 두각을 나타낸다. 관계역량은 타인과의 커뮤니케이션, 대인관계 형성과 관리 능력을 말한다. 관계역량은 대다수의 직무를 수행하는 중간관리자가 기본으로 갖추어야 할 역량이기도 하다. 대외협력, 영업직무를 수행하는 고성과자들의 역량을 분석해 보면 관계역량이 높게 나타난다.

한 번쯤 자신의 역량을 진단해본 경험이 있는가? 이 세가지 역량이 골고루 높게 나타난다면 그야말로 인재라 불리지만, 사실 개인이 보유한 영역별 역량 수준에는 차이가 있다. 피라미드에서 높이 올라갈수록 회사는 세 가지 역량을 두루 갖춘 인재를 열망한다. 각종 교육, 직무순환, 자기계발을 지원하는 제도적 장치를 갖추는 이유다. 임원승진에 정량적인 역량평가 결과를 반영하기 위해 인사고과, 360도 다면평가, AC Assessment Center 를 실시한다. 이런 의미에서 임원은 '단점이 없는 사람이 앉는 자리'로 평가된다.

상황을 종료시킬 수 있는 한 방

피라미드 정점에 올라가기 위해 역량을 갖추는 것은 기본이다. 여기에 나만의 특화된 '그 무엇'이 필요하다. 부장 정도의 직위에 있다는 것은 이미 세 가지 역량을 고루 갖추었다는 방증이다. 다시 말해서, 내 이름의 수식어가 될 만한

한 방, 나만의 무기를 갖췄는지의 여부가 피라미드에서의 위치를 결정한다. 스티브 잡스가 청중을 휘어잡는 프레젠테이션으로 포지셔닝 되고, 잭 웰치의 문장이 곧 리더십 분야의 명언으로 남듯이.

임원은 회사의 바람대로 인지역량, 실행역량, 관계역량을 적정 수준 갖춘 사람들이다. 그러면서도 모든 변수를 잠재울 한 방, 자신만의 무기를 지니고 있다.

박상무는 장표의 달인이다. 수 차례의 이직을 하고 A그룹의 컨설팅본부 총괄 임원이 됐다. 주위 직원들이 장표를 만들기 전 제일 먼저 했던 스텝이 그를 찾아가는 일이었다. 임원이 된 지금, 그가 업무를 지시할 때 장표 작성 달인으로서의 진가가 발휘된다. 임원 보고를 앞두고 있다고 상상해 보자. 보고할 장표의 형식 때문에 며칠 내내 갑론을박하는 경우가 얼마나 많은가. 게다가 보고 이후에 제로 베이스 상태의 원점으로 돌아가 다시 작성해야 하는 답답함에 가슴을 치는 경우도 허다하지 않은가. 박상무는 업무지시를 하면서 장표의 구성, 포인트까지 명확한 그림을 그리기로 유명하다. 박상무가 장표의 달인이 될 수 있었던 비결을 오랜 시간 그와 이야기를 나누며 알게 됐다. 그의 비결은 1테라바이트에 육박하는 외장하드 두 개로 설명된다. 먼저 각종 경영 경제연구소, 컨설팅 업체에서 발간하는 보고서는 모조리 읽고 외장하드에 분류하여 저장한다. 그 후 틈틈이 업무에 활용할 만한 툴, 이론, 모델, 보고서 형식을 취사선택하여 하나의 파일에 모아 정리해둔다. 이렇게 모은 2차 자료에 오랜 장표 작성 경험이 더해져 이른바 '촉'이 됐다. 상부에서 지시가 떨어지면 박상무는 즉시 구성이 떠오른다고 한다. 그 안에 들어갈 모델이나 표현까지 말이다.

박상무가 인지역량, 실행역량, 관계역량을 두루 갖췄는지는 알 수 없다. 다만 그를 임원으로 이끈 한 방의 펀치는 분명 존재했다. 자신의 회사에서 신규 사업을 런칭하는 TFT를 구성한다고 생각해보자. 자신에게 팀원을 구성할 수 있는 권한이 주어진다면, 즉시 떠오르는 사람이 있는가. 그들에 대한 평가를 한 문장으로 적어보면 알게 된다. 머릿속에 떠오른 사람들은 조직에서 '그 무엇'으로 자신을 포지셔닝하는 데 성공한 사람들이다.

2

임원의 자리는 '안전'하지 않다

임원이 되면 마냥 장밋빛 미래가 펼쳐지는 걸까?

신임 임원 육상무. 1년 만에 근무지를 옮긴 탓에 자주 뵙긴 어려웠지만 종종 중간 지점에서 저녁을 함께하며 인연을 이어갔다. 육상무와의 만남은 조직에서의 '지속가능성'을 가정한 만남이었다. 조직에서 모두 오래오래 몸담고 'H그룹'이라는 공통분모를 가지리라는 가정이다. 적어도 직원은 스스로 걸어 나가지 않는 이상 조직에서 사라지는 경우가 극히 드물다. 하지만 임원은 다르다.

띵동. 어느 날 도착한 문자 한 통. 첫 문장을 보자마자 소스라쳤다. "나 집에 간 건 들었지?" 불과 2주 전에 뵙고

근황을 나눴었는데 이리도 갑작스러울 수 있는 걸까. 그런데 당황스러운 감정이 곧 '임원은 그럴 수 있다'는 마음으로 자연스레 바뀌었다. 수백 명의 임원을 위해 일하면서 월초에 가장 먼저 거치는 의식이 있다. 지난달 함께한 임원들이 이달에도 재임 중인지, 나갔으면 누가 그 빈자리를 채웠는지 확인하면서 동향을 파악하는 일이다. 지금 육상무는 오래 미뤘던 학업과 연구를 이어가며 인생 제2막을 살고 있다.

임원은 2년 만에 집으로 가는 경우가 가장 많다

임원은 자의든 타의든(주로 타의겠지만) 2년 만에 집으로 가는 경우가 잦다. 한국CXO연구소에 따르면, 국내 기업에서 임원은 재임 2년차에 퇴직하는 경우가 가장 많고 3년차 비율이 그 뒤를 잇는다. 임원에 오르기까지 강산이 변하는 걸 두 번은 봤을 텐데, 상사의 모욕과 부당함을 숱하게 이겨내고 얻은 직위였을 텐데, 기나긴 20여 년의 세월이 무색하다. 임원이 감투를 내려놓는 평균 나이는 54.2세다. 사회 활동을 온전히 할 수 있는 건강 수명을 64.9세로 볼 때, 임원 자리를 내려놓은 후 인생 제2막이 10년 혹은 그 이상 펼쳐진다는 얘기다.

임원이 되면 일상생활에 세 가지가 필요 없어진다는 우스갯소리가 있다. 바로 우산, 외투, 가방이다. 출근할 땐 회사에서 준 차량을 운전기사가 몰고 자택 문 앞에서 기다린다(운전기사는 전무 이상의 고위 임원에게만 배정되는 경우가 많다). 비가 오든 눈이 오든 회사 안까지 모셔다 드리기에 우산이나 가방 같은 외부활동을 위한 물품도 필요 없다. 해외 출장을 갈 때도 최소 비즈니스석에 앉으니 한순간 대우가 달라진다. 임원이 되면 배우자를 함께 초청해 축하하는 자리도 마련해준다. 덩달아 가정에서의 어깨도 올라갈 수 있다(슬프게도 임원의 부인을 초청하는 경우는 많아도 임원의 남편을 초청하는 경우는 아직 그리 많지 않다). 신임 임원을 대상으로 하는 교육에서 만난 한 임원은 '나는 그대로인데 주위에서 더 기뻐하고 대접해준다'며 달라진 의전의 무게를 실감하고 있었다.

하지만 언제나 기쁨은 찰나다. 권력이 10년을 못 간다는 '권불십년權不十年'을 기억하는가. 이 무서운 옛말은 임원들에게도 예외 없이 적용된다. 잃을 것이 없다면 무서울 것도 없겠지만 임원은 잃을 게 많은 자리다. 의전도, 권한도, 통제력도 거기에 들어간다. 그 순간이 언제이냐의 문제일 뿐, 임원이 혜택을 내려놓는 순간은 반드시 찾아온다.

임원이 집으로 가는 세 가지 이유

임원이 집으로 가는 이유는 크게 세 가지다. 성과가 없거나, 원래부터 예견된 일이었거나, 사소한 결점이나 실수가 공든 탑을 무너뜨리는 경우다.

첫째, 성과가 없어서 집에 가는 경우는 변명의 여지가 없다. 임원은 권한의 크기만큼 책임의 무게도 막중하기 때문이다. 묵묵히 맡은 바 일만 열심히 한다고 회사에서 알아줄까? 물론 직원이라면 알아준다. 직위가 낮으면 낮을수록 더 그렇다. "인사팀 신입 봤어? 종현씨는 튀지는 않지만 할 일은 묵묵하게 잘하고 있어. 저런 친구가 기회만 잘 잡으면 인정받고 오래 가지." '가늘고 길게 오래 버티기'가 가능하다는 게 직원의 장점이다. 반면 임원은 철저히 성과로 평가받는다. 총괄한 사업이, 전략이, 제도가 삐끗하는 순간 자리를 정리하며 짐을 싸야 한다. 그러니 임원이라면 임기 중에 악착같이 성과를 내야 한다. 있을 때 보여줘야만 한다. 이것이 임원이 눈앞의 단기적인 성과에 몰입하는 이유다. 그렇다고 너무 슬퍼할 필요는 없다. 한국인의 정情은 여기서도 드러난다. 기업들은 장기성과급제를 적용해 중장기 목표를 달성했는지 평가하는 장치를 추가한다. 더불어 1년차 임원에게는 한 번의 기회가 더 주어지는 경우가 많다. 그 덕에 많은 임원들은 1년이 아닌 2년 만에 집으로 돌아간다.

둘째, 임원이 집으로 가는 일이 원래부터 예견된 일이었을 경우다. 인사적체로 중간 관리자가 대거 포진해 있는 기업에서는, 수많은 부장들을 내보내기 위해 아이러니하게도 일단 부장을 임원으로 승진시키는 경우가 종종 있다. 1년이 지나면 저항 없이 집으로 보낼 수 있는 구조를 처음부터 만들어 두는 것이다. 이 역시 슬퍼할 필요는 없다. 임원 자리에서 물러나도 일정 기간은 고문으로 존재감을 드러낼 수 있다. 그러다 전화위복이 되어 타사에서 인정받는 임원으로 멋지게 부활하기도 한다.

셋째, 사소한 결점이나 실수 때문에 집으로 가는 경우다. 디테일의 힘은 강하다. 아무리 사소하더라도 도덕성에 어긋나는 실수를 했다면 퇴직을 하게 되어도 변명의 여지가 없다. 이보다 더 무서운 것은 의도치 않게 튀어 나간 말이나 행동이 인사권자에게 낙인찍혀 퇴사자 목록에 오르는 경우다. 특히 술김에 하는 행동이 위험하다. 술김에 던진 말이 일파만파 퍼져 불명예를 안고 물러나는 임원은 어느 기업에 가도 어렵지 않게 찾아볼 수 있다. 그래서 임원들은 처세, 이미지에 관심이 많고 품행에 각별히 신경을 쓴다. 과묵해보이는 임원이 많은 것도 이 때문이다. 임원의 본래 성격 혹은 성향이 어떠한지는 오랜 고향 친구만이 알 수 있다.

사실 임원을 집으로 보내고자 마음먹으면 회사는 101가지 이유라도 만들어낼 수 있다. 그 101가지 이유를 만드는 근원은 주로 튀는 언행이다. 한국 기업에서 튀는 행동, 남다른 존재감, 유별남은 화살이 되어 돌아온다. 모난 돌이 정 맞는다 하지 않는가. 한국 기업에서 임원은 '수많은 임원 중 한 사람', 'One of Them'으로 존재할 때 편안하다. 존재감은 성과로만 드러내야 한다.

무더위나 한파 시즌, 임원들의 모임이 임박하면 내선 전화가 쉴 새 없이 울린다. 임원들과 고위 임원 비서들의 전화다. "다음주 출근 복장 말이에요, 어떻게 입고 가야 하나요?", "넥타이 해야 하나요? 노 타이No-tie로 가도 되나요?", "재킷을 꼭 가져가야 할까요?" 표현만 다를 뿐 전화들의 목적은 모두 똑같다. 수많은 임원 중 나만 복장이 달라서는 안 된다는 것. 복장이 달라서 혼자만 튀는 불상사를 피하고 싶은 마음이다. 한바탕 전화 세례를 받고 나자 임원들의 입장을 저절로 알게 됐다. 그 후로는 날씨가 요동칠 때마다 먼저 복장을 지정해 안내해드렸다. "차주는 넥타이 미착용입니다. 재킷은 소지해주십시오."

그러니까 "상무님, 댁에 안 들어가시나요?"
하지 맙시다

임원과 대화할 때는 같은 문장도 듣는 이의 상황에 따라 달리 받아들여질 수 있음을 명심해야 한다. 강조하건대, '집에 간다'는 짧은 문장은 엄청난 의미를 내포하고 있다. 직원에게 '집에 가다Go home'는 일을 마치고 퇴근한다는 기쁨과 환희, 행복의 의미다. 하지만 임원들이 집에 간다는 말은 임원직을 내려놓고 회사를 떠난다는 의미다. 임원에게 섣불리 "집에 가세요"라고 말했다가는 "내가 빨리 사라졌으면 좋겠어?"와 같은 날선 반응과 마주하게 될 것이다. 임원들도 집에 가는 게 두렵다. 급작스럽게 물갈이되는 불명예는 누구라도 피하고 싶을 일이다.

내가 모시는 임원이 잘 되는 길이 곧 우리 사업부의 성공이요, 곧 나의 성공이다. 새로운 임원을 맞이하는 일은 생각보다 감정적 소모가 크다. 바뀐 임원의 업무 스타일, 성향을 파악하는 일은 어렵고 피로하다. 구관이 명관이다. 지금 상무님의 자리를 더 독한 상무님이 채울지 모른다.

3

그때그때 달라도 '회사형 인간'

커피숍에 앉아 멍하니 사람을 구경해본 경험이 있다면 안다. 세상에는 각양각색의 사람들이 있다는 것을. 회사도 그렇다. 각기 다른 배경에서 살아가던 이들이 여러 경로로 한곳에 모였으니 회사 생활은 당연히 힘들 수밖에 없다. 임원들 역시 '성과'라는 목표는 같으나 목표에 접근하는 방식, 커뮤니케이션 스타일이 임원마다 제각각이다.

만물을 유형별로 분류하고 싶은 인간의 본능에 의지해보면, 임원은 다섯 가지 유형으로 정리된다. 케이크 조각을 나누듯 딱 떨어지지는 않지만, 임원이 가진 기본치, 즉 디폴트값은 있다는 논리다. 이 디폴트값에 따라 CEO나 리더의 유형을 분류하고자 하는 시도는 곳곳에서 이루어진다. 널리 알려진 MBTI나 DISC, BIG5, MMPI, Enneagram 등을 활용해 성향이나 행동특성 유형을 나눌 수 있고, 학자의 수만큼이나 다양하게 정의되는 리더십 유형에 따라 분류하기도 한다.

우리가 마주하는 임원은 의사결정을 하는 사람이다. 밤까지 새가며 힘들게 올린 기안이 하이패스를 장착한 채로 쭉쭉 올라갈지, 휴지통으로 사라질지 여부를 결정한다. 그렇기에 우리 조직의 임원이 의사 결정을 어떻게 하는 사람인지 파악해보는 것은 의미가 있다. 임원을 꿈꾸는 나는 현재 어떤 모습의 직원인지 성찰하는 것도 중요하다.

모든 임원의 5가지 업무 스타일

미국의 시장조사회사인 더블유레이팅스는 기업 임원들을 분석해 다음의 다섯 가지 유형으로 나눴다. 카리스마형 임원, 사고형 임원, 의심형 임원, 추종형 임원, 통제형 임원. 이는 임원의 업무 스타일에 따른 분류로 보아도 무방하다. 각각의 임원에게 오랜 시간 공들인 기획안을 보고하는 상황을 떠올리며 특징을 살펴보자.

카리스마형 임원charismatic은 강한 자신감과 열망으로 대표되는 유형이다. 이런 유형은 대체로 새로운 아이디어에 관심이 많다. 주위에 예스맨이 많지만 감정에만 치우치는 사람이 아니기에 최종적인 의사결정을 내릴 때는 정확한 정보에 근거하여 이성적으로 판단한다. 카리스마형 임원을 설득할 때는 새로운 발상을 통해 이들의 열의를 자극하되, 단순, 명료하게 제시해야 한다.

사고형 임원Thinker은 냉소적이며 이성적인 유형으로, 이들을 설득하려면 노력과 기다림이 필요하다. 이들은 위험을 감수하지 않고자 숙고하기 때문에 인내를 가지고 설득해야 하며, 데이터의 양을 풍부하게 제시할수록 좋다.

의심형 임원skeptical은 매사를 의심의 눈초리로 바라본다. 옳은 길도 짚어 보고 가는 유형으로 다소 공격적으로 보이는 경향이 있다. 이들을 설득하기 위해서는 오랜 기간 신뢰를 형성하여 믿음직한 직원이라는 인식을 심어줘야 한다. 이 유형의 임원이 신뢰하는 상사나 외부인과의 관계를 적극적으로 어필하면 좋다.

추종형 임원Follower은 이미 검증된 방법을 따라가는 유형이다. 이들은 기존에 성공한 기업 사례, 신뢰하는 상사나 동료가 내린 검증된 의사결정을 신뢰한다. 위험을 최소화하려고 하므로 성공 사례Best Practice를 수정, 보완한 의견을 제시해 안전한 의사결정임을 알려야 한다.

마지막으로 통제형 임원Controller은 디테일을 사랑한다. 이 유형의 임원은 직원이 제시한 의견의 사실 여부를 검증한다. 세세하게 관리하는 마이크로 매니지먼트Micro-management에 능하기 때문에 이들을 설득할 때는 세부 정보의 진위 여부, 결과의 신뢰성과 타당성을 반드시 점검해야 한다.

임원이 가진 6가지 증후군

임원의 전반적인 직장생활은 어떤 모습일까? 『회사형 인간』(제리 코너·리 시어즈 공저, 박슬라 옮김, 웅진윙스, 2006)에는 오랜 직장생활이 사람을 6가지 증후군을 가진 '회사형 인간'으로 만든다는 이야기가 나온다. 임원은 회사 생활의 빛과 그림자를 모두 맛보면서 그 자리에 오른 회사형 인간의 전형이다. 이들은 어떤 증후군을 가졌을까? 다소 냉소적이므로 이 글을 읽는 임원은 조금 당혹스러울지도 모르겠다.

첫째, 카멜레온 증후군. 임원은 빠르게 변화하는 조직에 적응하기 위해 자아를 잃었다. 이들은 상사나 오너가 바뀌면 즉시 태세를 전환하는 데 능하다. 그는 언제라도 조직의 니즈에 맞춰 변화할 준비가 되어 있다. 아니, 그래야만 한다.

둘째, 탑독Top dog 증후군. 탑독은 사회에서 절대 강자를 뜻한다. 임원은 피라미드 구조의 수직적인 조직 구조와 권력 앞에서 무력함을 수차례 경험해왔다. 그래서 기꺼이 오너의 권위 앞에 약자임을 인정하고 언더독Under dog이 된다. 이들에게는 오너의 말이 곧 임원의 방향이자 비전이다.

셋째, 슈퍼맨 증후군. 이 증후군에는 오로지 성과를 내야만 하는 임원의 현실이 반영되어 있다. 임원은 모든 것을 잘하고 싶고 잘해야만 직성이 풀린다. 총괄하는 조직의 문제를 해결해야 하는 자리에 있는 임원은 슈퍼맨을 자처한다.

넷째, 시시포스 증후군. 끊임없이 바위를 위로 굴려야 하는 형벌을 받은 그리스 신화 속 시시포스처럼 임원들도 쭉쭉 위로 올라가야만 한다. 이들에게는 고작 상무에 머물러 있을 시간이 없다. 악착같이 올라가야만 한다. 그래야 살아남는다.

다섯째, 오직 일만 생각하는 워커홀릭 증후군. 직원들은 반문한다. "임원이 무슨 워커홀릭인가요? 실무는 우리가 다 하는데"라고. 하지만 대다수 임원은 만물을 자신의 일과 연관 지어 생각한다. 평상시에도 임원의 머릿속은 '이걸 어떻게 우리 사업에 적용하지?'로 꽉 차 있다(물론 어디든 예외는 있다).

여섯째, 전문용어 증후군. 주로 컨설턴트 출신의 임원들이 전문용어나 영어 약자를 활용한다. 절반은 유식함을 드러내려는 의도이며, 절반은 무의식적으로 자행된다. 전문용어 증후군은 임원이 아닌 직원들에게도 퍼지고 있는데, 조직에서 심심찮게 발견되는 상황이다. 만약 신입사원이라서 이런 말을 보고 들은 적이 없더라도 놀라지 말자. "김과장, 내가 F/U 하면서 계속 Comm할게. C-level로 raising 할 예정이고 agile하게 진행되는 PJT니 R&R 명확히 합시다. 뭔가 애매하면 CC걸어서 Forward해주고. SME assign 件은 중간 중간 F/B해줘." (해석: 김과장, 내가 후속 조치하면서 계속 연락할게. 임원급으로 올릴 예정이고 빠르게 진행되는 프로젝트이니 역할과 책임 명확히 합시다. 뭔가 애매하면 참조 걸어서 전달해주고. 내용전문가 배정하는 일은 중간 중간 이야기해줘.)

임원은 한 마디로 정의하기 힘든 '복잡계'다

이상, 임원이 가진 성향을 다섯 가지 유형, 여섯 가지 증후군으로 분류했다. 제시한 유형과 증후군을 보고 누군가는 이렇게 반문할지도 모른다. "저희 회사 임원들은 모든 유형에 포함되는데요?", "저희 상무님은 카리스마형이면서 의

심형인데요?", "꼭 회사형 인간이 돼야만 임원이 될 수 있나요?" 이에 대한 필자의 답은 "그럴 수 있어요"다. 임원은 한 마디로 정의하기 힘든 '복잡계'이기 때문이다. 임원을 설명하기 위한 정보가 지나치게 많다는 의미이기도 하다. 다양한 경로로 임원이 되고, 다양한 리더십 스타일을 보여주며, 다양한 성향을 가진 임원들을 어떻게 한 마디로 정의할 수 있을까? 임원을 설명하는 변수가 너무도 많아 '복잡계'라고 칭하는 것이 빠르겠다.

그러니 복잡계 임원을 한 마디로 정의하려 하지 말자. 임원이 되는 비결이 단 하나라고도 생각하지 말자. 이 책의 제2장에서는 복잡계 임원을 설명하는 다양한 변수이자 세포들인 '임원의 역량들'을 살펴보고자 한다. 다양한 변수와 역량이 상황을 잘 만났을 때, 임원은 탄생한다.

4

'없는 지식'에 대한 집착

> Q. 다음 단어의 뜻을 말해보시오.
>
> **'Sinecure'**

얼마 전, 이 단어가 각종 직장인 커뮤니티를 뜨겁게 달궜다. 이 단어의 뜻은 무엇일까? 놀라지 마시라. '할 일은 없으면서 보수는 좋은 직책'이다. 직장인들은 이 단어에 대해 무수히 많은 댓글을 쏟아냈다. 모든 댓글은 하나의 결론으로 수렴한다. '뭐야, 우리 회사 임원 이야기잖아?'

이건 임원에 대한 오해요, 편견이다. 수많은 임원들과

마주한 인연을 무기 삼아 임원의 억울함을 대변하고 싶다. 임원의 보수가 좋은 것은 맞다. 그러나 그들은 정말 바쁘다. 할 일 없는 한량이 아니다. 새벽부터 이어지는 각종 보고와 회의로 바쁜 것은 당연지사. 업무 외 학습시간 확보는 필수적이다. 임원의 학습 시간과 생존 기간은 비례한다. 임원들은 Sinecure가 아니다. 호모 아카데미쿠스Homo Academicus, 즉 공부하는 인간이다. 애초에 내가 하는 일이 바로 임원들의 '호모 아카데미쿠스'를 돕는 일이다.

하버드가 말하는 임원의 필요조건은 '학습력'

하버드대학교 리더십센터장이자, 세계적으로 영향력 있는 리더십 학자 워렌 베니스Warren G. Bennis는 꾸준히 학습하는 학습력을 임원의 필요조건이라 말한다. 임원 자리에서 쫓겨나지 않는 사람은 항상 호기심으로 눈썹을 치켜세우고 있는 사람, 항상 무엇이든 배우고 있는 사람들이라고 강조한다. 이 사실을 증명하듯 기업에서 만난 임원들은 항상 배움에 대한 열의가 눈에 보인다. 실제로 학습도 잘한다.

학습력이란 학습에 대한 의지는 기본이요, 학습을 잘하는 능력이다. 임원은 자신에게 부족한 역량이 무엇인지 안다. 회사에서 실시하는 여러 진단과 오랜 경험을 통해서다. 학습을 잘한다는 것은 배운 것을 적용할 줄 안다는 의미다. 임원은 지식을 반대편 귀로 흘려보내는 법이 없다. 반드시 자신의 업業에 적용한다. 기업 교육은 학습의 전이Learning Transfer와 현업 적용을 크게 강조하며 고민한다. 임원 교육 담당자의 가장 큰 숙제도 학습 내용을 임원의 업무와 사업, 리더십 발휘에 실제로 적용가능하게 만드는 것이다. 임원들은 늘 눈썹을 치켜세우고 '이 교육 내용을 우리 조직에 어떻게 적용할지' 고민하기 때문이다.

학습에 대한 열의에서 둘째가라면 서러운 두 임원이 있다. 한 분은 제조계열사의 대표이사다. 매월 임원들이 빼곡히 차는 강의실의 연단에서 바라볼 때 백 개의 검은 바둑알 중 한 개의 흰 바둑알처럼 눈에 띄는 분이다. 이분은 눈썹을 추켜올리고 온몸으로 학습 열의를 뿜어낸다. 눈은 시종일관 강연자를 향하면서도 손은 빠른 속도로 움직여 수첩을 채워간다. 놀라우리만큼 집중력이 높다. 적는 자가 성공한다는 '적자Writing 생존'의 표본이다. 자신을 중요하게 여길수록, 삶에서 중요한 사항을 더 많이 기억하고자 노력한다는 말을 온몸으로 증명하고 있었다. 이분에게 전달된 교육 내용은 교육이 끝나도 죽지 않는다. 구성원들에게 전파되어 사업이 되고 제도가 된다.

또 다른 호모 아카데미쿠스 고상무. 이분은 증권사 출신답게 냉철하고 분석적인 시각의 소유자다. 언젠가 그의 책상을 본 적이 있는데 형형색색 알록달록한 책들로 빼곡했다. 흡사 서점의 유아동 코너가 연상되는 광경이었다. 그 책들은 미국 초등학생들의 영어 교과서다. 비즈니스 영어를 어느 정도 구사할 줄 알면서도 기초부터 제대로 갈고 닦고 싶다는 고상무의 학습 의지와 겸손함의 증거다.

이 두 명의 임원이 좋은 성과를 창출하고 오래도록 자신의 자리를 보존하고 있음은 당연하다. 교육업체들이 앞 다투어 임원을 위한 교육과정을 개설하는 것도, 임원들이 유독 MBA나 AMP최고경영자 과정의 문을 두드리는 것도, 종이신문 보는 임원의 모습이 낯설지 않은 이유도 여기에 있다. 학습력이 임원의 재임 기간을 늘리는 단 하나의 요인은 아니다. 그러나 학습력과 재임 기간 간에 상관관계가 있음은 경험으로 확신한다. 추후 실증적으로 연구해볼 생각이다.

임원들이 학습에 목마른 이유

임원들은 왜 학습에 몰두할까?

첫째, 임원이 회사 생활을 시작하던 때와 지금은 아

예 다른 세상이기 때문이다. 신입사원 때 임원들과 술자리를 가져본 경험이 있다면 이런 단골 레퍼토리는 지긋지긋하게 들어봤을 것이다. "요즘 세상 참 좋아졌어. 나 때는 말이야~" 컴퓨터가 없어서 손으로 재무제표를 그렸다는 이야기는 이제 식상하다. 삼일 밤을 새워 일했다는 이야기 역시 빠지면 섭섭하다. 수기로 혹은 MS-Dos를 활용해 장표를 만들던 임원의 눈에 지금의 회사는 얼마나 달라진 세상일까. 오피스 프로그램은 기본이요, 각종 시스템이 범람하고 이제는 인공지능의 힘까지 빌려야 하니 배워야 할 것이 참 많다. 변화하는 환경을 빠르게 추적해야 하며 회의에서 임원의 무게를 증명하기 위해서라도 알아둬야 할 것이 많다. 임원은 끊임없이 배워야만 한다.

둘째, 지식경영과 양손잡이 경영을 위해서다. 임원은 실무를 맡는 사람이 아니다. 그들의 역할은 체득한 노하우를 보존하고, 후배들에게 전달하는 지식경영자가 되는 것이다. 경영학자들은 말한다. 임원은 '양손잡이 경영'을 해야 한다고. 지식을 찾는 것과 지식을 활용하는 것, 어느 한쪽으로도 치우치지 않고 균형을 이루는 것이 '양손잡이 경영'이다. 임원은 활용할 수 있는 모든 경로로 지식을 찾는다. 오프라인 강의, 이러닝, 모바일 러닝, 독서, 신문, 잡지, 다큐, 코칭 등의 활용은 기본이다. 고상무처럼 초등학생용 학습지를 풀면서 제2외국어 기본기를 닦는 임원도 있을 정도다. 사람을 만나는 일도 임원에게는 중요한 학습이다. 현장 사례와 노하우를 생생하게 들을 수 있기 때문이다. 다양한 분야의 사례, 제도, 상황, 에피소드, 실패를 통한 배움, 필요할 때 손을 뻗을 수 있는 인맥의 축적이 곧 임원의 자산이다. 이 자산을 맡은 조직에 하나씩 적용하면 새로운 시도가 되고 성과로 인정받는다. 그러니 임원이 사람을 만나러 일찍 퇴근해도 부러워하거나 노하지 말자. 임원이 하는 모든 일은 학습이니까.

회사에 없는 지식을 찾아라!
학습 민첩성 Learning Agility 의 힘

임원들은 어떤 지식을 필요로 할까? 바로 회사에 없는 지식이다. 임원은 회사의 현황과 주요 데이터를 이미 꿰뚫고 있다. 실시간 보고가 업데이트되기 때문이다. 임원은 회사 밖에 존재하는 지식을 우리 사업에 적용할 연결고리를 찾아야 한다. 삼성전자 반도체 신화를 이끈 권오현 부회장 역시 '회사에 없는 지식을 쌓을 줄 아는 것'이 곧 임원의 실력이라고 강조했다.

회사에 없는 지식을 쌓기 위해서는 학습 민첩성Learning Agility을 가져야 한다. 최근 들어 조직을 이야기할 때 결코 빠지지 않는 개념이 애자일Agile이다. 애자일은 '민첩한', '재빠른'이라는 뜻으로, 오래전부터 소프트웨어 개발 과정에 주로 활용되었지만 요즘은 경영에서 다시금 회자 되고 있다. 조직을 둘러싼 모든 것이 너무도 빠르게 변화하기 때문이다. 미래학자 앨빈 토플러Alvin Toffler는 학교가 변화하는 속도는 시속 10마일인 반면, 기업은 시속 100마일의 속도로 변화한다고 했다. 변화에 민첩하게 대응하지 않으면 살아남을 수 없다.

새로운 상황, 직무 앞에서 빠르게 학습하고 새로운 스킬을 유연하게 적용하는 임원. 이들은 성과를 창출하고 회사에서 인정받는다. 반면 도태된 임원들은 예전의 지식과 과거의 성공 경험을 끊임없이 재활용하며 답습하는 데 그쳤다. 이 개념이 바로 학습 민첩성이다. 학습 민첩성을 갖추었는지 여부가 임원의 핵심 역량이 되는 시대다.

임원이기에 학습해야 하는 것이 아니다. 학습하는 사람이었기에 임원이 된 것이다.

5

핵심 역량은 '혼밥 역량'

'회사에서 피하고 싶은 사람이 있나요?'라고 물으면 많은 직장인들이 슬그머니 상사 이름을 꺼낸다. 우리는 상사가 데스노트death note를 갖고 있진 않을지 근심한다. 사실 동기나 후배는 직접적인 다툼이나 신경전 없이는 그리 부담스러운 존재가 아니다.

회사 로비, 혹은 엘리베이터 앞에서 임원과 일대일로 마주치는 상상을 해보자. 이때 선택지는 두 가지다. 급한 전화를 받는 척 발연기를 하면서 빛의 속도로 뒤돌아 사라지거나, 아무 말 대잔치 하며 식은땀을 흘리거나. 안타깝게도 임원들은 이미 알고 있다. 직원들 머릿속에 임원은 철저하게 사측으로 입력되어 있다는 것을. 그래서 자신과는 미리 선을 긋고 대한다는 사실을 말이다. 리더십 교육에 참여하는 수많은 상사들은 입을 모아 이렇게 이야기한다.

"조직에서 위로 올라갈수록 외로워요. 모두가 피하는 바이러스 같은 존재가 된 것 같아요."

임원은 오늘도 외롭다

직장인의 루틴한 365일. 그럼에도 유독 회사에 가고픈 이상한 날이 있다. 매일 출근길이 몸도 마음도 지옥이었다면, 이 날만큼은 회사로 향하는 발걸음이 총총총 가볍다. 입에서는 콧노래도 새어나온다. 월급날? 아니다. 어린이날이다. 일반적인 어린이날은 옛날에 소파 방정환 선생님이 만들고 오늘날에는 맘카페가 떠들썩해지는 5월 5일, 그 날이지만 직장인에게 어린이날은 다른 개념이다. 무두일無頭日. 일명 '상사 없는 날'. 듣기만 해도 콩닥콩닥 설레지 않은가. 팀장에 담당 임원까지 자리를 비워주면 금상첨화다. 상사가 없으면 감시하는 눈이 사라지는 감정적 자유로움을 느낀다. 긴장을 절반 정도 덜어내고 가벼운 몸과 마음으로 일할 수 있다. 그러니 누군가의 '상사'가 된다는 것은 억울한 일이다. 의지와 상관없이 불편한 사람, 불편하게 만드는 사람으로 전락하니까.

중간 관리자가 되어도 이럴진대, 하물며 임원은 어떨까. 앞에서는 만인이 웃으며 고개를 숙이지만 임원은 군중 속의 고독을 온몸으로 느낀다. 임원들은 회식자리와 회사로비에서 잽싸게 피하는 직원들의 모습에 씁쓸하다고 입을 모은다.

임원이 배석하는 회식자리에 가보자. 맛있는 냄새가 폴폴 풍기는 식당 입구에서 직원들의 눈치 게임이 시작된다. 안타깝게도 눈치 게임의 패자는 이미 정해져 있다. 직위가 낮다면? 패자다. 벌칙은 임원 옆, 대각선 등 임원의 인접 지역에 앉는 것이다. 눈치 빠른 대리 말년, 과장, 차장들은 예약석의 끝에서부터 자리를 채운다. 그들은 인심 쓰듯 신입사원, 젊은 대리급에게 기꺼이 중간 자리를 내어준다. 예약석의 정중앙에 임원 자리를 비워두고, 맞은편에는 팀장과 차석이 배석한다. 전쟁터에 내몰린 젊은이들은 정신을 바로 세우고 총알을 장전한다. 총알은 자본주의식 미소와 방청객급 리액션이다. 임원들 역시 상황 파악을 마친 뒤다. 회식 장소로 향할 때부터 급하게 유머도 준비하고 아이돌, 연예인, 자녀 이야기 같은 화제도 준비해본다.

회사 로비, 복도에서도 임원의 등장은 멀리서부터 알 수 있다. 여러 명이 모인 자리에서 갑자기 정적이 흐르면 귀신이 나타난 것이라는 미신이 있는데, 회사 로비나 복도에 임원이 나타나는 날이 바로 그 미신을 체험하는 날이다. 임원들은 말한다. 자신도 직원들의 불편함을 이해한다고. 부하직원이 "오늘 점심은 어떻게 하시나요?"라고 물으면 약속이 있다고 둘러대고 모두 사무실을 떠나면 그제야 행동을 개시한다. 챙겨온 도시락을 슬그머니 꺼내 혼자 먹는 것이다.

임원도 '요즘 세대'이고 싶다. 젊은 직원들이 무슨 생각을 하는지, 그들의 문화는 어떤 것인지 궁금하다. 따라서 임원에게 먼저 인간적인 호기심을 가지고 다가가는 젊은 직원은 달리 보일 수밖에 없다. 혹 역량이 다소 부족해도 끝까지 데려가고 싶다는 마음이 든다. 부족한 역량은 다른 사람 혹은 자원들로 충분히 보완할 수 있으니까.

임원이 외로운 두 가지 이유

임원이 외로운 이유는 두 가지다.

첫째는 임원의 모든 언행이 널리 회자되기 때문이다. 말과 행동은 물론이고, 가벼운 만남도 그렇다. 임원이 다른 본부의 후배와 밥을 먹는 것, 가볍게 일대일로 술 한잔하는 것, 직원을 임원실로 따로 부르는 것 모두 확대 해석될 여지가 있다. 직원들은 임원의 행동을 표면 그대로 해석하지 않는다. 간단한 행동에도 조직의 역학 관계가 포함되어 있다고 믿는다. 소위 말해 '그 대리가 박상무 연줄인가 봐, 자기 사업부로 김대리 데려가려나 봐'와 같은 카더라 통신의 먹잇감으로 확대된다. 임원들은 이 사실을 알기에 직원과의 일대일 만남을 조심스러워 한다.

임원이 외로운 또 다른 이유는 의사결정을 홀로 해야 하기 때문이다. 조직의 위로 올라가면 갈수록 선택과 결정의 고민을 나눌 사람은 줄어든다. 영화 〈내부자들〉을 떠올려보자. 이 영화가 주는 교훈은 피라미드 위의 높은 곳을 감히 상상하지 말라는 것이다. 영화처럼 잔인한 폭행이나 살인이 자행되지는 않지만, 우리가 몸담는 조직의 상부에서도 복잡한 이해관계와 경쟁은 영화 못지않게 빈번하다. 같은 직급의 임원들이 한 자리를 놓고 경쟁해야 할 처지에 놓이기도 한다. 부서나 사업부 간의 이기주의가 심각해져 얼굴을 붉히는 경우도 많다. 임원은 그 누구와도 속마음을 터놓을 수 없다. 힘듦을 말하면 약점이 되어 돌아올 것을 알기 때문이다.

회사에서 직장인에게 주는 월급에는 일하다 보면 생길 수 있는 약간의 억울함에 대한 수당이 포함되어 있다. 임원이 받는 높은 연봉의 이면에는 억울함에 대한 수당 외에 외로움을 홀로 견뎌내야 하는 고독 수당이 존재한다.

21세기 임원의 필수 역량은 '혼밥 역량'이다

외로움은 리더의 숙명이라는 말이 있다. 대다수의 리더십 교육에서는 신임 리더들에게 자신의 감정을 절제하고 외로움을 받아들일 줄 알아야 한다고 강조한다. 힘들다고 회사 동료에게 자신의 힘든 마음을 털어놓거나, 감정을 쉽게 드러내지 말라고 말한다. 『리더십 골드』를 저술한 리더십 대가 존 맥스웰John C. Maxwell은 리더가 외로움을 느낀다면 그건 지위 탓이 아닌 리더 개인의 성격 탓이라고 일축한다. 외로움의 근원이 개인의 성격 탓이든, 조직의 문제이든, 강도의 차이만 있을 뿐 높이 오른 자가 '외로움'의 감정을 느낀다는 데는 이견이 없다.

외로움은 사람이라면 누구나 느끼는 감정이다. 현대에는 많은 사람 속에 둘러싸여 있으면서도 고독함을 느끼는 경우가 더 많아졌다. 혼자 밥을 먹는 '혼밥'이 더는 낯선 현상도 아니다. 최근에는 혼밥족을 위한 식당이 우후죽순 생겨나고 있다. 임원이 되고자 한다면 홀로 밥을 먹을 줄 아는, 아니 즐길 줄 아는 '혼밥 역량'이 필요하다. 혼밥 역량은 곧 외로움을 견디는 힘을 말한다.

내성적인 사람과 외향적인 사람 중 어떤 성향을 가진 이가 리더가 될까? 대다수의 사람들은 외향적인 사람이 될 것이라고 생각한다. 카리스마 있으면서 대외적으로 영향을 행사하는 리더의 모습에 익숙하기 때문이다. 하지만 천하를 호령하는 사람이 리더가 되는 시대는 끝났다. 실제로는 내향적인 사람이 리더가 되는 경우가 많다. 성공한 리더 중에는 내향성과 외향성을 모두 갖춘 '양향적 리더'가 많다는 연구 결과도 있다. 외부로는 영향력을 행사하면서도 내면의 소리에 귀 기울여 자신의 감정을 다스릴 줄 알아야 한다는 의미다.

주변에서 누군가 임원이 됐다면 온몸으로 축하하고 응원하라. 그는 외로움을 견딜 각오를 한 사람이다. 앞으로도 숱한 외로움을 안고 위를 향해 묵묵히 걸어 나갈 것이다.

6

임원 계약서에만 들어 있는 은밀한 조항

90년대 최고의 직장으로 불리던 D그룹. 그 시절 D그룹의 대졸 신입사원 모집 공고를 본 적이 있는가. 밀레니얼 세대의 눈으로 보면 '왓 더 헬조선'이 어제오늘 일이 아님을 알게 될 것이다. '헬조선'은 과거부터 꾸준히 존재했다. 모집 공고의 첫 문장은 이렇다.

— 구인 —
삼일 밤을 새울 수 있는 사람

카피라이터의 장난 혹은 재치로 치부하기에는 너무나

도 충격적인 문구다. 그 시절 제 발로 입사한 사람들이 바로 오늘날의 임원이다.

인생에서 가장 중요한 세 가지 복은 부모, 스승, 배우자라고 한다. 직장인의 세 가지 복을 감히 정의한다면 연봉, 상사, 워라밸이 아닐까? 이 중 근래 들어 직장인들이 가장 강력하게 원하는 복은 단연 워라밸Work & Life Balance이다. 주 52시간 근무제의 도입으로 저녁이 있는 삶을 살 수 있으리라는 희망이 생겼다. 토요일에 등교하지 않는 것이 당연하듯 '야근'이라는 개념도 구시대의 산물로 없애고자 투쟁하는 과도기에 우리들은 살고 있다.

임원의 하루(전지적 '김상무'시점)

'한 주의 시작인 월요일. 오전 7시부터 전사 임원이 모여 회의를 한다. 사실은 듣는 자리다. 각 계열사의 사장단과 오너 일가까지 총출동하니 신경이 곤두선다. 튀어서는 안 된다. 늦지 않게 6시 40분경에 착석할 수 있도록 시간을 역산해 집을 나선다. 가는 길에는 오늘 다룰 주요 현안과 관련된 내용을 살펴보고, 사내 게시물을 읽는다. 그룹과 관련된 기사가 매일 새벽 인트라넷에 올라온다. 회의가 길어질 것을 대비해 커피는 금물이다. 화장실에 자주 가면 중요한 내용을 놓칠 수 있을뿐더러 튀고 싶지 않다. 대신 인삼 주스로 힘을 내어 머리를 맑게 해본다. 오늘의 이슈를 우리 사업에 어떻게 적용할 수 있을지 수첩에 끄적여 본다. 사무실에 돌아가면 내 생각을 곁들인 이메일을 작성해 직원들과 공유한다. 정보의 공유야말로 임원의 의무이자 리더십의 기본이라는 유명대학 모 교수의 가르침을 실천하고 있기 때문이다.

점심시간이 되면 직원들이 삼삼오오 자리를 뜬다. 오늘은 조직문화 활동이 예정되어 있다. 매주마다 여러 부서, 다양한 직위의 직원들을 섞어서 함께 점심을 먹으며 이야기를 나눈다. 임원은 직원들의 생각을 들을 수 있어서 좋고 구성원 간 상호작용에도 좋다고 들었다. 매주 내 주위에는 사원, 대리급 젊은 직원들이 자리한다. 말만 하면 웃어주니 신이 나서 본의 아니게 신입사원 시절 이야기를 자꾸 꺼내게된다. 요즘 젊은 친구들이 사용하는 은어, 신조어, 줄임말을배워 수첩에 몰래 적어둔다. 임원들끼리 만나는 자리에서알려주면 반응이 꽤 좋다.

사무실에 돌아오면 보고가 줄줄이 이어진다. 김팀장, 이팀장까지 만나고 나니 잠깐 쉬고 싶다. 왜 보고는 받으면받을수록 가슴이 답답해지는지, 이놈의 고민 덩어리는 언제쯤 작아질지 알고 싶다. 홍삼농축액을 한잔 들이키고 회의에 참석한다. 내가 의견을 제시하면 직원들은 그 방향으로만 생각하려 한다. 그래서 말을 아끼게 된다. 먼저 말을 해서 닻을 내리지 말자는 게 신조다. 문젯거리는 자꾸 늘어나는데 해결책이 보이지 않는다. 이틀 후로 다시 한 번 회의를 기약해본다. 벌써 하루가 저물어져 가는데 명확히 해결된 일이 없어 답답하다.

가장 좋은 리더는 '제일 먼저 꺼져주는 것'이라는 신문 사설을 되뇌며 사무실 문턱을 나선다. 저녁 약속은 선배 임원을 만나는 자리다. 선배 임원을 만나면 답이 보일까? 허심탄회하게 묻고 싶지만 그럴 수 없다. 내 약점이 되어 돌아올 수 있기 때문이다. 은근히 고민거리를 흘리면서 선배 임원의 의중을 파악해야 한다. 밤 10시, 별을 보며 집으로 간다. 워라밸이라는 게 뜨거운 감자던데, 임원의 워라밸은 빛 좋은 개살구다.

차 안에서 이 고단함의 근원을 생각해본다. 여러 가지다. 오늘도 줄줄이 이어지는 보고와 회의에 지쳤다. 허심탄회하게 터놓고 말할 사람이 없다는 것. 명쾌하게 해결되지 않는 문제들이 쌓여간다는 것. 다 내 책임이라는 것. 오늘도 여러 문제들을 껴안고 잠자리에서 고민해봐야겠다. 부디 꿈에는 일 이야기가 나오지 않기를.'

임원 워라밸에 대한 오해와 진실

꼬꼬마 사원 시절, 해가 중천에 떠 있고 남몰래 졸음과 사투하던 오후 3시. 안녕을 외치며 회사 문턱을 나서는 임원의 뒷모습을 보면서 몇 가지 단어를 떠올렸다. '꿀', 그리고 '부럽다'다. 세월이 흘러 조금 더 회사형 인간이 된 후에야 그때 그 부러움이 치기 어린 생각이었음을 깨달았다. 사람들은 생각한다. 대기업의 임원은 그저 실무자의 보고를 기다리다가 결재하는 게 전부이지 않느냐고. 우아하게 골프 치고 호탕하게 웃으며 인맥 관리하는 중년 남성의 모습을 으레 떠올린다.

하지만 워라밸로 따지자면 회사원 중 가장 억울한 사람이 임원이다. 대기업 임원들의 하루는 새벽부터 시작된다. 주요 경영진은 새벽 출근이 일상화되어 있다. 직장인에게 점심 직후의 회의가 고문이라면, 임원에게는 꼭두새벽부터 예정되어 있는 최고경영자와의 만남이 있다. 임원은 대개 오전 6~7시 전후로 출근을 마친다. 이뿐일까, 주말에도 업무를 보고 각종 경조사까지 덤으로 챙겨야 한다. 새벽출근과 주말출근이 더 힘든 이유는 실적, 성과에 대한 책임을 계속 짊어진 채 살아야 하기 때문이다. 임원은 별 보고 출근하고 별 세며 집으로 간다는 우스갯소리가 틀린 말이 아니다.

S그룹에서는 임원이 되려면 언제 출근하는지를 모르게 하거나, 언제 퇴근하는지를 모르게 해야 한다고 말한다. 뼈 있는 유머에는 다 이유가 있다.

임원 워라밸에 대한 오해를 바로잡게 된 계기는 아주 사소한 일이었다. 근무하던 조직이 개편돼 임원들과 함께 수시로 커뮤니케이션하며 일한 적이 있다. 그때 근무의 변화를 즉시 실감할 수 있었다. 바로 시도 때도 없이 오는 임원들의 문자와 카톡 메시지 때문이다. 내용은 주로 이렇다. '지금 KBS 〈명견만리〉 프로그램 좀 볼래? 여기에서 다루는 내용 한 번 고민해보자. 우리가 하반기에 활용할 수 있을 듯.' 이처럼 일에 적용할 만한 온갖 아이디어들이 수시로 날아든다. 때로는 업계 혹은 인사 관련 동향을 오프 더 레코드로 전달해주기도 했다. 업무시간에도 수시로 링크들을 보내고 회의를 했다. 임원이 담당하고 있는 업무와 연관 지어 생각할 수 있는 접점이 조금이라도 있다면 검토의 대상이 되었다. 하지만 아이러니하게도 임원들의 연락이 조금도 부담스럽지 않았다. 자기 전까지 일만 생각하는 그분들의 태도에 대한 존경심과 감사함 때문이었다. 그때 알았다. 임원의 계약서에는 '자기 전까지 일만 생각해야 살아남는다'는 암묵적인 조항이 있다는 것을. 성과와 실적을 내놓지 않으면, 임원에게는 내일이 오지 않는다.

임원의 워라밸이 좋지 않은 이유는 임원 업무의 특성 때문이다. 리더는 각종 회의, 전화, 업무 유관 부서와의 협업, 보고, 피드백으로 하루의 대부분을 할애한다. 커뮤니케이션은 홀로 하는 일이 아니기에 일과 중에 해결해야 한다. 정작 임원이 스스로 처리해야 하는 개인적 업무와 자기계발의 우선순위는 뒤로 밀려난다. 밤이 되어서야 비로소 그것들을 들여다볼 수 있다.

임원이 괴로운 또 다른 이유, 상사

임원이 괴로운 또 다른 이유는 상사다. 임원은 오히려 고위 임원의 눈치를 더 많이 보게 된다. 사람들은 임원이 방 안에서 홀로 직원들의 보고를 받으며 왕처럼 군림할 것이라 생각한다. 그러나 피라미드의 상층부까지 올라갔어도 시선은 단 하나의 꼭짓점을 향해야 한다. 조직도의 피라미드 꼭대기에 앉아 있는 최고경영자, 즉 오너다. 임원은 고위 임원들의 기호와 스타일을 분명하게 파악해야 한다. 이보다 더 어려운 일은 고위 임원이 하는 말들의 행간을 읽는 일이다. 고위 임원일수록 하나부터 열까지 세세하게 지시를 내리지 않는다. 그렇다고 임원이 고위 임원에게 A to Z를 물을 순 없다. "아, 왜 그때 그거 있잖아"라고 고위 임원이 말하면 찰떡같이 알아듣고 방향성을 설정해야만 한다. 그래서 임원은 늘 생각이 많다. 앉으나 서나 고위 임원의 의중을 파악하기 위해 임원은 온 몸의 세포에 항상 촉을 세운 채 긴장 상태를 유지한다.

높이 올라간 임원일수록 선배 임원이나 최고경영자의 눈 밖에 벗어나서는 안 된다. 높이 올라갔기에 잃을 것도 많기 때문이다. 임원들은 오히려 잃을 것이 적었던 젊은 사원을 부러워한다. 그들이 젊은 사원들을 향해 내뱉는 "그 때가 좋은 거야"에는 진심이 담겨 있다. 대기업병으로 일컬어지는 '직급불패織級不敗'는 임원에게도 예외가 아니다. 임원일지라도 상사의 입맛을 맞추는 역량이 필요하다.

설상가상으로 경영의 호흡은 계속 빨라지고 있다. 젊은 피를 수혈한다면서 파격적으로 젊은 임원이 혜성처럼 등장한다. 오너 일가의 2, 3세 젊은 경영자들이 힘을 가세해 경영의 속도를 더하기도 한다. 숨 막히던 대면보고가 휴대폰의 메신저 어플 창으로 대체되고 있다. 핵심만 간결하게 주고받는 속도전이 펼쳐지다 보니 의사결정 속도도 덩달아 빨라진다. 임원은 발 빠르게 흐름을 좇느라 오늘도 숨이 차게 일한다.

7

그 방에선 가끔씩 "딸깍" 소리가 들린다

"빰~빰~빰~" 몇 년 전까지만 해도 일요일 밤 〈개그콘서트〉 엔딩 음악이 흐르면 직장인은 일제히 환호했다. 지금도 별반 다를 바 없다. 핸드폰 메신저 창에는 "아, 회사 가기 싫어"를 표현하는 온갖 이모티콘이 난무한다. '회사'를 떠올리는 행위만으로도 경직된 표정과 출처를 알 수 없는 답답함이 몰려온다. 스트레스를 받을 때 몸과 마음에 나타나는 증상이다. 스트레스 호르몬인 코르티솔이 눈앞에 뚝뚝 떨어지는 듯한 그 느낌, 말하지 않아도 다 안다. '회사 가기 싫어병'이 심한 사람은 심지어 출근하다 사고라도 났으면 좋겠다고 생각한다. 퇴사 한 방이면 이 모든 질병이 치유되리라 믿

는다. 회사는 왜 직장인 스트레스의 온상이 되었을까? 답은
두 가지다. 직무 스트레스와 관계 스트레스.

시원하게 찬물을 끼얹어보겠다. 임원들은 직원보다 스
트레스가 월등히 적다.

임원들은 스트레스가 월등히 적다

정확히 말하자면, 임원들은 직무 스트레스가 적다. 우리는
앞장에서 워라벨이 생각보다 좋지 않고 윗사람의 눈치를 직
원만큼, 혹은 직원보다 더 많이 봐야 하는 임원들의 괴로움
을 들여다봤다. 높은 곳일수록 바람이 거세다는 말이야말로
임원의 현실을 대변하는 말이다. 회사에서도, 일상에서도
언제나 압박을 받는 이들. 우리는 당연히 그것이 임원의 모
습일 거라고 지레짐작한다. 늘 머리를 꽁꽁 싸매고 스트레
스를 덜어주는 건강 보조식품을 입에 달고 살 거라고도 생
각한다. 여기에 더해 TV, 신문 등 각종 언론에서는 명상하
는 CEO의 모습을 집중 조명한다. 그렇게 세상 모두가 입을
모아 이렇게 말한다. 임원은 스트레스가 많고, 이 스트레스
를 관리하고 마음을 다스리는 것이 임원의 필수 역량이라고.
하지만 실상은 우리의 생각을 보기 좋게 벗어난다. 임원의

워라밸이 붕괴되어 있는 건 맞지만 스트레스 관리는 임원이 아니라 오히려 직원에게 필요하다. 임원은 일반 직원보다 코르티솔 수치가 낮기 때문이다. 심지어 임원이 직원보다 오래 산다는 연구 결과까지 있다.

영국의 수도 런던으로 가보자. 정부 청사가 밀집한 지역인 화이트홀에서 수만 명의 공무원을 대상으로 실시한 두 차례의 연구White hall Study 결과가 이를 증명한다. 공무원 사회는 계층화되어 있다. 위계 구조가 명확하다. 연구는 이 지역 공무원들의 사망률을 대상으로 했다. 그리고 직급과 사망률이 반비례한다는 결과를 내놓았다. 피라미드의 상층부로 올라갈수록 사망률이 낮다는 의미다. 비만, 흡연, 고혈압 등의 사망 위험요소를 제외하고 살펴보아도 같은 결과였다. 사망률은 조직에서의 지위가 높을수록 낮았고, 조직에서의 지위가 낮을수록 높았다. 최고직급과 비교하면 무려 3배나 차이가 났다. 이 놀라운 결과의 원인은 무엇일까? 답은 간단하다. 직급이 높아질수록 스트레스가 적었기 때문이다. 높은 직급의 사람들은 자신의 업무를 통제할 수 있기에 스트레스가 적었고 심혈관 질환 발병률도 낮았다. 평생 직장인으로 회사의 녹을 받고 사는 게 꿈인가? 스트레스를 덜 받고 오래 살고 싶은가? 그렇다면 당신은 임원이 되어야 한다.

임원이 스트레스를 적게 받는 이유, 통제력

계속해서 화이트홀 연구를 살펴보자. 임원이 스트레스를 덜 받는 이유는 통제력이 높기 때문이다. 다시 말하자면 그들은 자신의 업무를 통제할 권한, 자원을 활용할 힘을 갖고 있다.

회사에 첫발을 내딛은 신입사원을 살펴보자. 업무 익히기도 힘든데 주위 눈치 보느라 하루하루가 긴장의 연속이다. 업무와 관련해 궁금한 게 있어도 어디에 물어야 하는지, 물어봐도 되는 것인지를 수백 번 고민한다. 물어보면 "뭘 이런걸 다 물어보고 그래?"라는 말이 돌아온다. 그런데 정작 안 물어보고 진행하면 "네 마음대로 처리하니?"라는 피드백을 들어야 한다. 잘 버티고 버텨 대리, 과장이 된다 한들 어떠한가. 책임만 늘어날 뿐이다. 저 높은 곳에 있는 분들에 비하면 권한은 여전히 주니어급이다. 한국인의 직무 스트레스를 측정하는 요인은 여러 가지가 있다. 직무를 수행하는 물리적 환경, 직무요구, 직무 자율성, 관계갈등, 직무 불안정, 조직의 체계, 보상의 부적절함, 조직문화 등이 그것이다. 이토록 다양한 요인 중에서 사무실 문 앞에 거북목을 하고 앉아 있는 우리 팀 꼬마 사원은 과연 몇 가지나 만족하고 있을까? 이것이 피라미드의 상부로 올라가야만 하는 이유다.

그런 면에서 임원은 행복하다. 업무를 이리저리 통제할 수 있는 권한이 커짐과 동시에 필요한 자원을 동원할 힘도 크기 때문이다. 아무리 수평적인 조직이 되었다 한들 지금도 임원은 유관 부서 실무자, 주위 인맥에게 전화를 걸어 "나 김전무인데" 한 마디로 도움을 요청할 수 있다. 임원의 한 마디는 아직도 강력하다. 명함 속 직위 두 글자에 통제력, 자원 확보력을 비롯한 강력한 힘이 실려 있다. 실무자에게 훌륭한 상사란 "그 정도는 네 마음대로 해도 돼!"를 외치는 상사다. 쉽게 말해 통제는 덜하고 권한을 위임해주는 상사다. 나를 믿어주는 상사에게 충성하고 싶은 마음이 드는 것은 당연지사다.

마음 그루밍족, 그럼에도 임원은 관리한다

마부가 말을 빗질하고 관리하듯 자신을 꾸미고 관리하는 남자들을 일컬어 그루밍족grooming 이라 한다. 임원은 끊임없이 마음을 관리하는 '마음 그루밍족'이다. 임원들은 직원보다 스트레스를 물리적으로 덜 받음에도 불구하고 자신의 마음을 관리한다. 임원이 자신의 코르티솔 수치와 구성원들의 수치를 비교해본 적이 없으니 책임의 무게가 무겁게만 느껴지는 탓이다. 실제로 임원들을 대상으로 교육 요구도 조사를 해보면 항상 등장하는 주제가 스트레스와 마음 관리다. 임원들은 조직에서 롱런하기 위해 마음 관리가 필수적이라는 사실을 오랜 회사 생활을 통해 깨우쳤다고 입을 모은다.

임원들이 마음을 그루밍하는 방법은 다양하다. 골프, 바둑, 명상, 종교 활동, 걷기, 게임, 독서, 글쓰기 등등. 젊은 나이에 임원이 되어 정상 가도를 달리는 공상무는 테니스광으로 유명하다. 그는 자타공인 테니스 전문가다. 마주하면 활기찬 에너지가 느껴진다. 계속되는 테니스 대회를 준비하는 것이 공상무 생활의 활력소다. 바쁜 일상 중에도 시간을 내어 연습을 가고, 선수들의 영상을 보며 희열을 느끼는 것이 곧 힐링이자, 즐거움이라고 한다. 항상 웃으며 일하는 주상무는 스트레스를 받지 않기로 유명하다. 이따금씩 주상무의 방에서는 '딸깍, 딸깍' 소리가 난다. 보고를 위해 유리창을 힐끔거리던 모팀장이 그 딸깍 소리의 비밀을 밝혀내고는 웃음을 터뜨렸다. 그 소리는 주상무가 컴퓨터로 지뢰찾기 게임을 하는 소리였다. 훗날 회식 자리에서 주상무는 바쁜 일상 중 업무 스트레스를 잊는 자신만의 비결을 소개했다. 산적한 업무로 괴로울 때, 머리가 복잡할 때, 아이디어가 떠오르지 않을 때는 지뢰찾기, 테트리스, 사천성, 애니팡과 같은 게임을 즐겨 한다는 것이다. 고도로 집중하면서도 시각적인 즐거움, 문제 해결의 기쁨까지 안겨주는 가벼운 게임이 부정적인 생각에서 벗어나게 도와준다고 추천했다. 잠깐 즐기고 나면 업무력도 향상되는 느낌이 든다. 주상무의 사례를 입증하듯 실제로 미국의 신경과학자 리처드 하이어Richard Haier 박사에 의해 테트리스가 두뇌 능률 향상에 도움이 된다는 사실이 밝혀졌다.

업무 외의 활동으로 몸과 마음을 다스리는 임원들, 그들은 후배들에게 언젠가 찾아올 은퇴 이후에도 중심을 잡아줄 수 있는 취미를 가지라고 강조한다. 방법은 다양할지라도 공통점은 일상적인 활동으로 생각을 쉬게 하는 것이다. 그 활동들이 사람의 마음을 단단히 지탱한다. 결코 일에만 매몰된 사람이 되어서는 안 된다. '임원이 아닌 그냥 나'로서의 일상적 활동이 없다면 책임의 무게와 스트레스로 몸과 마음, 지금까지의 성과는 도미노처럼 쓰러질 것이다.

8

독도 되고 약도 되는 '경험의 덫'

"Latte is horse!"

상사들은 오늘도 이렇게 말한다. 뭐, 라떼는 말이라고?
알고 보면 단순한 뜻이다. "나 때는 말이야!"를 비꼬는 신
조어. 호랑이 담배 피던 주니어 시절의 무용담을 늘어놓는
상사들이 습관적으로 하는 말이다. 누구라도 상사가 되면
자신의 지난 시절을 자랑하고 싶은 욕구가 솟아나는 걸까?
아니면 승진과 동시에 자신의 성공담을 만천하에 퍼뜨리자
는 단체 교육이라도 받는 걸까?

나는 대학 졸업식을 앞두면서 이제 곧 무소속이자 비경제활동인구로 전락한다는 자괴감에 빠졌던 졸예(졸업예정) 취준생 시절을 가끔 회상한다. 그때 인터넷에 돌아다니는 한 줄 문구를 몹시 두려워한 적이 있다. 과거의 내 모습이 쌓여 현재의 내가 되었다는 식의 글귀였다. 아마 현재 자신의 모습에 만족하지 못하는 수많은 사람들은 내가 무슨 느낌을 받았는지 바로 알 것이다. 시간이 흘러 제법 밥값을 하는 직원이 된 후에야 비로소 알게 됐다. 직장인으로서의 성취 역시 결코 그냥 이루어지는 것이 아니라는 사실 말이다. 노력하고, 견디고, 울고 웃고, 이룬 끝에 승진한다는 것을. 현재의 모습은 과거 내 노력의 산물이다.

박상무의 SNS에는 늘 업무와 관련된 이슈들이 가득하다. 사진첩에는 프로젝트를 함께 수행한 후배들과의 즐거운(?) 시간들이 기록되어 있다. 성공적으로 마친 프로젝트의 경과와 성과는 물론이요, 그 과정에서의 단상까지 세세히 기록한다. SNS 피드를 책으로 엮어도 손색이 없을 정도다. 박상무의 SNS 피드는 곧 박상무다. 피드를 따로 분석하지 않아도 알 수 있다. 그가 자신감으로 똘똘 뭉쳐 있다는 것을. 자신감의 근원은 그간의 성공 경험이다. 박상무는 만천하에 알리고 싶다. 내가 이렇게 생각한다고! 열심히 살아왔다고! 그래서 성취했다고! 덕분에 대다수의 동종업계 종사자, 업무 관련자들은 박상무의 SNS를 엿보며 그의 생각을 읽을 수 있다. 박상무 조직의 구성원들은 치밀한 SNS 염탐 결과로 겟GET하게 된 박상무의 입맛에 맞춰 새로운 기획안을 상신하기도 한다.

성공 경험이 쌓여 임원이 된다

먹고 마신 것들이 모여 직장인의 든든한 뱃살이 된다. 지식 생태학자 유영만 교수는 그간 만난 사람들이 곧 나를 결정한다고 했다. 직장에서 성공 경험이 축적된다면? 임원이 될 수 있다. 직장에서 성취한 작은 성공 경험들이 쌓이고 쌓여 한 명의 임원을 만든다. 작게는 업무에 들어가는 공수를 줄인 경험부터 20년간 지각 한 번 하지 않았던 근면함, 3차까지 달리고도 가장 일찍 출근 도장을 찍은 것, 없었던 제도를 탄생시킨 일화가 오늘날의 임원을 만든 성공 경험이다.

신입사원으로 첫발을 내딛고 부여받은 업무를 성공적으로 완수한 경험이 있는가. 그 경험은 당사자에게는 직장인으로서 제 몫을 해냈다는 안도감을 선사하고, 상사에게는 신입사원에게 일을 맡겨도 된다는 신뢰감을 안겨 준다. 신뢰받는 직원에게는 또 다른 역할과 임무가 주어진다. 직장에서 마주하는 능선들을 넘으면 어떤 일도 해낼 수 있다는 일종의 효능감Efficacy이 생긴다. 이를테면, 개발자에게는 컴퓨터와 관련된 어떤 업무도 처리할 수 있다는 스스로에 대한 믿음인 '컴퓨터 자기효능감'이 생긴다. 기자라면 어떤 주제라도 조사하고 척척 기사를 작성할 수 있으리라는 스스로에 대한 믿음이 자리한다. 캐나다의 유명한 심리학자 알버트 반두라Albert Bandura는 특정 업무와 행동을 해낼 수 있다는 스스로에 대한 믿음을 일컫는 자기효능감Self-Efficacy 개념을 소개했다. 교육, 심리 등 사회과학 분야에서 자기효능감은 개인의 발전을 이끄는 중요한 원동력으로 알려져 있다. 자기효능감은 개인의 성취를 가져와 직장에서 성공하는 선순환 고리를 만든다.

임원은 자기효능감이 높은 사람들이다. 성공 경험으로 강화되는 자기효능감의 특성 때문이다. 실패 경험으로 약화되기도 하나, 임원이 되었다는 거대한 성공 앞에 작은 실패 경험은 무색하다. 임원이 높은 자기효능감을 가지는 이유는 또 있다. 임원은 오랜 기간 재직한 덕에 직장에서 산전수전 다 겪어왔다. 빠르게 변화하는 이 시대에 경영 환경의 변화, 조직의 다이내믹한 변화를 누구보다 오래 지켜본 사람들이다. 그 과정에서 어떤 사업이 성공하고 실패하는지, 어떤 사람이 승승장구하고 도태되는지를 간접적으로 보고 겪었다. 그러면서 오랜 간접 경험이 가져다 준 산물인 감感이라는 게 생겼다. 통달한 면접관은 지원자가 걸어들어오는 3초 만에 대략적인 성향을 간파하기도 한다. 임원의 자기효능감이 높은 두 번째 이유가 여기에 있다. 성공과 실패를 간접적으로 경험하는 것만으로도 자기효능감은 유의미하게 높아진다는 연구결과가 이를 증명한다.

임원은 '성취자의 하이'를 느낀다

주니어 직장인들끼리 만나면 늘 하는 이야기가 있다. 우리네의 아버지들은 어떻게 그토록 오래 직장생활을 할 수 있었는지 대단하다는 것이다. 좀 더 구체적으로 말하면 '오랜 시간을 버틴 것'이 존경스럽다. 신입사원과 임원 간 대화 속에서도 역시 같은 이야기가 오고 간다. 어떻게 임원이 될 수 있었냐는 질문에 임원은 "포기하지 않고 버틴 자가 이긴다"고 답한다. '뻔할 뻔' 자라고 생각했던 신입사원은 재직 10년 후에 그 뜻을 이해하게 된다.

'버티는 자가 이기는 것'이라는 임원의 가르침대로 직장생활은 마라톤과 같다. 기나긴 시간 동안 포기하지 않고 직·간접적 성공 경험을 쌓는 여정이다. 학창시절 억지로 달리는 체력장만 겪어본 초보 러너라면 45.195km의 마라톤은 그저 전문 마라토너들의 전유물로만 여길 것이다. 그러면서 나는 달릴 수 없으리라 지레짐작한다. 이에 대해 마라토너들은 입을 모아 희망을 전한다. '러너스 하이Runner's High'를 겪으면 된다고.

러너스 하이(혹은 Running High)라는 말을 아는가? 미국의 심리학자 아놀드 맨델ArnoldJ. Mandell은 논문 "The Second Wind"에서 러너스 하이를 소개했다. 달리기를 오래 할수록 숨은 차오르고 심장은 터질 듯한 고통을 느낀다. 하지만 그 고통은 오래가지 않는다. 30분 이상 달리면 그 이후에는 오히려 정신이 맑아지고 쾌감을 느낄 수 있다. 엔도르핀이 분비되면서 멈추지 않고 계속 달리고 싶다는 욕구가 생긴다. 이것이 러너스 하이다. 러너스 하이를 겪다 보면 이내 마라톤에 중독된다.

이와 비슷한 개념으로 '헬퍼스 하이Helper's High'가 있다. 미국의 의사 앨런 룩스Allan luks가 제시한 개념으로, 마더 테레사 효과라고도 불린다. 오랫동안 남을 도와온 봉사자들이 어떻게 그토록 봉사와 헌신을 지속할 수 있을까. 헬퍼스 하이가 이에 대한 답을 제시한다. 러너스 하이처럼, 남을 돕다 보면 심리적인 포만감과 쾌감이 느껴진다는 것이다. 헬퍼스 하이는 행위자의 몸과 마음에 긍정적인 변화를 야기한다.

이는 남을 위한 행동을 지속하는 동력이 된다.

기나긴 주니어 시절의 터널을 지나 중간 관리자가 되고, 고위 관리자가 되면서 성취를 이룬 임원은 진한 쾌감을 느낀다. 앞서 소개한 High의 개념을 빌려 '성취자의 하이Achiever's High'로 정의해본다. 성공 경험에서 느낀 성취감은 중독성이 매우 강하다. 성취자의 하이를 느낀 탓에 더 큰 성취감을 맛보고 싶고 더 잘 하고 싶은 의욕이 생긴다. 그래서 일을 끊기가 어려워진다고 임원들은 모두 입을 모아 말한다. 성공이 또 다른 성공을 낳는 일종의 '승자효과'가 지속된다.

확증편향 위험에 노출된 임원들

수많은 성공 경험으로 거대한 탑을 쌓아 올린 임원들. 허나 어디든 부작용은 있다. 임원은 확증편향에 사로잡힐 위험이 높다. 들어본 적 있는가? 기획안을 상신했을 때 본론도 말하기 전에 "내가 그거 옛날에 다 해봐서 아는데", "그거 아닌데?"로 시작되는 말을 듣는다면 결론은 굳이 안 들어도 안다. 반려될 것이다. 자신의 생각이나 신념을 확인시켜주는 증거는 확대해석하고, 자신의 신념이나 생각에 반하는 증거들은 회피하는 확증편향Confirmation bias. 안타깝게도 상사들, 팀장들, 그리고 임원들은 고위직으로 올라갈수록 확증편향에 사로잡힐 위험이 높다. 그들은 보고 싶은 것만 본다. 믿고 싶은 사실만 믿는다. 듣고 싶은 내용만 듣는다. 조직 피라미드의 하층부에 자리하는 사람들은 상사의 확증편향을 알기에 그들의 입맛과 취향, 생각을 파악하려고 노력할 수밖에 없다.

임원은 직장에서의 수많은 정보와 사례를 수집해왔다. '이렇게 하면 이런 결과가 나온다'는 가설 검증을 수십 년 지속해왔다. 그렇기에 자신의 경험과 사례를 진리라 믿는다. 그들은 확증편향의 위험에 노출되어 있다. 리더십 전문가들은 늘 강조한다. "상무님! 제발 들으세요! 끝까지 들어보세요! 의사결정 잘하셔야 하지 않습니까!"

9

임원을 임원으로 만드는 '암묵지'의 힘

인터넷을 뜨겁게 달궜던 직장의 7대 불가사의 중 하나. '저 인간이 부장이고, 저 인간이 팀장이래.' 화장실에서 버스에서 혹은 이불 속에서 직장인들은 키득키득 웃으며 이 말에 공감했다. 혹 그 순간 머릿속에 떠오르는 얼굴이 있다면 다음을 한 번 생각해보자. 상사는 정말 나보다 못난 사람일까? 오랜 시간 임원들을 만나고 그들의 생각을 읽으며 느낀 사실이 있다. 모두가 그 자리에 오를 만한 이유가 한 가지는 있다는 것이다. 상사가 나보다 나은 확실한 한 가지, 바로 '암묵지'다.

ICT_{정보통신기술}의 발달로 원하는 분야의 새로운 지식을 습득하기는 쉬워졌다. 필요한 정보가 있다면 즉시 스마트폰에서 검색할 수 있다. 배우고 싶은 기술이 있다면 유튜브, Mooc온라인 공개 수업 같은 공개된 플랫폼의 힘을 빌리면 된다. AR, VR을 활용해 시뮬레이션을 할 수도 있다. 날이 갈수록 교육에 대한 수요는 높아져 직장인을 위한 짧은 강의 콘텐츠(마이크로러닝), 스마트기기를 활용한 스마트러닝, e-book 등이 성행한다. 이를 활용하면 당장 필요한 지식을 빠르게 취할 수 있다. 바야흐로 교육의 홍수 시대다.

신입사원은 억울하다. 오프 더 레코드로 말하자면, 우리는 500:1의 경쟁률을 뚫고 입사했고(부장님이 젊었던 시절에는 학과 사무실에서 원서 받아서 내면 회사를 골라서 들어갔다면서요!), 3개 국어에 능통하고(부장님은 토익 800점을 못 넘기시죠!), 복수전공에 알바, 인턴, 대외활동까지 하느라 누구보다 치열하게 살았다. 학부를 졸업함과 동시에 전공지식에 대한 자신감은 최상급이다. 그러나 신입사원에게 말하고 싶은 것이 있다. 여러분들이 간과하고 있는 것이 있다고. 바로 암묵지의 힘이다. 수십 년의 직장생활에서 얻은 암묵지는 대학 4년의 치열함 이상으로 강력하다. 암묵지야말로 상사가 존재하는 이유이며, 이 상사가 내 상사인 이유다. 또한 임원이 퇴임해도 대접받는 이유다.

임원 경쟁력의 원천, 암묵지

영국의 철학자 마이클 폴라니 Michael Polanyi 는 지식을 두 가지로 분류했다. 형식지와 암묵지. 형식지는 다수가 공유할 수 있는 지식을 말한다. 직장 내에서 문서화할 수 있고 프로세스나 매뉴얼로 정립할 수 있는 지식은 형식지에 속한다. 특정 프로그램 활용 방법, 근태 결재 프로세스, 평가의 종류, 교육비 처리 절차 등과 같이 표준화하여 말로 표현할 수 있는 형태의 지식은 모두 형식지다. 반면 암묵지는 그 이면에 자리해서 겉으로 드러나지 않는다. 과거 인기를 끌었던 한 식품업체 광고 카피를 기억하는가. "진짜 좋은데 어떻게 표현할 방법이 없네." 이 카피가 바로 암묵지다. 정확히 말로 표현할 순 없지만, 몸으로 체득하여 이미 알고 있는 지식이다. 직장에서 신입사원이 사수의 업무 처리 프로세스를 똑같이 밟을 수는 있으나, 그 결과나 속도가 다른 이유는 암묵지 때문이다. 암묵지는 직간접적인 경험을 통해 습득되며 스스로 인지하지는 못한다. 일하는 과정에서 관찰하고, 경험하고, 모방하며 자신도 모르게 몸으로 쓰윽 배어드는 일종의 지혜라고 할 수 있다.

직장에서 연차가 쌓일수록, 피라미드의 상층부로 올라갈수록 암묵지의 크기는 커진다. 핸드폰으로 요리 방법을 검색해도 당장 국을 끓일 순 있다. 레시피를 착실히 지킨다면 어느 정도의 맛을 낼 수도 있을 것이다. 하지만 안타깝게도 '엄마의 그 맛'은 나지 않는다. 자전거를 처음 타보는 사람도 인터넷에서 자전거 타는 방법을 검색해 시도해볼 순 있다. 인터넷에는 '안장에 올라타 페달을 밟으며, 쓰러지는 반대 방향으로 손잡이를 틀어 균형을 맞춘다'라고 나올 것이다. 하지만 안타깝게도 머리로 아는 것만으로는 한강을 달리기 어렵다. 경험을 통해 몸에 배야만 달릴 수 있다.

오랫동안 직원들에게 그룹의 브랜드 전략을 강의해온 김전무. 수강생의 교육 만족도는 늘 최상급이다. 그 아성에 도전할 사람은 없다. 내로라하는 전문가, 대학 교수, 언론에서 늘 회자되는 스타강사를 초청해도 김전무의 강의 만족도 앞에 무릎을 꿇는다. 강의를 업으로 삼는 교수, 스타강사는 강의하는 방법과 분야에 대한 지식이 높다. 해외 유수의 대학에서 지식과 선진 사례를 습득했기 때문이다. 하지만 승부는 암묵지에서 갈린다. 그룹에서 체득한 암묵지의 크기에서 김전무의 승리가 확정된다. 암묵지의 깊이는 강의에서 드러나는 법이다. 우리 회사만의 용어를 사용해 우리 조직에서 일어날 법한 사례를 말하는 것, 소위 우리만의 이야기를 하는 능력, '외부 전문가에게는 없고 김전무에게만 있는 것'. 그것이 바로 암묵지의 힘이다.

임원은 국가 무형 자산이다

화려하게 살아온 임원도 퇴임하면 평범한 사람으로 돌아간다. 많은 대기업들이 퇴임 임원에게 2년여의 시간 동안 회사 고문(자문)역으로 활동하게 한다. 오랜 회사 생활에서 체득한 암묵지를 후배들에게 전수할 기회를 주는 것이다. 퇴임 임원은 후배 임원에게 코칭, 컨설팅을 하거나, 신사업에 대한 의견을 제시한다.

이런 풍경은 TV에도 등장한다. 정치인들이 한 시대를 풍미하고 뒤로 물러난 선배 정치인들에게 찾아가 고견을 구하는 모습. 낯설지 않은 풍경이다. 암묵지는 쉽게 취할 수 없는 삶의 지혜다. 임원들에게 축적된 경험과 지혜는 어느 곳에서도 쉽게 구할 수 없기에 그 가치가 높게 평가된다.

4차 산업혁명 시대가 도래했다. AI가 대체할 업무와 직업의 존폐를 고민해야 할 때다. 한국고용정보원은 2025년에 이르면 인간의 업무 능력 절반 이상을 AI가 대체할 것으로 예견한다. 특히 신체능력과 업무기초능력은 가장 대체하기 쉬운 것으로 드러났다. AI가 대체할 수 없는 직업은 종합적인 판단과 의사결정이 필요하다는 특징이 있다. AI가 신체기능과 기초적인 업무를 대신해줄 순 있어도 상황을 종합적으로 판단하는 일은 대신할 수 없다. 판단과 의사결정은 맥락을 알아야 하기 때문이다. 이를 인지하는 것은 오랜 경험에서 비롯된 암묵지의 역할이다. 따라서 조직을 둘러싼 상황을 판단하고 의사결정을 내리는 임원의 역할은 대체될 수 없다. 그런 의미에서 임원을 국가의 무형 자산이라 일컫는다. 임원의 경험과 암묵지를 퇴임과 동시에 사장하는 것은 국가적인 손실이다. 국가의 무형 자산과도 같은 임원의 성공, 실패 경험과 암묵지의 가치를 높이 인정하고 활용하는 사례도 늘고 있다. 교육 전문 회사들은 퇴직한 대기업 임원을 중소기업의 인력과 매칭해주는 서비스를 하나 둘 런칭하고 있다.

그러니 임원과 마주할 때 빛의 속도로 도망가지 말자. 임원의 말과 행동을 통해 경험과 암묵지를 쏙쏙 빼기에도 시간이 부족하다.

II

다양한 변수와 역량이 상황을 잘 만났을 때, 임원은
탄생한다. 그냥 열심히만 하는 사람은 많다. 하지만 다양한
경험을 바탕으로 전문성을 쌓는 사람만이 직원을 이끄는
임원이 된다. 전제조건은 자신의 업무와 역할을 정확히
이해하는 것이다.

임원의 자격 1

일을 관리하라

1

합리적 의사결정을 막는 5가지 착각

선택 장애는 현대인의 고질병이다. 오죽하면 메뉴를 알아서 선택해 배달해주는 서비스까지 생겼을까. 요즘 승승장구하는 비즈니스는 '네가 뭘 좋아할지 몰라 준비해봤어'를 표방하는 큐레이션 서비스다. 취향에 맞게, 그간의 검색 기록에 맞춰 좋아할 만한 것들을 간추려주는 이 기막힌 서비스는 선택 장애 직장인들에게 박수를 받는다.

'죽느냐, 사느냐. 그것이 문제로다.' 일명 햄릿 증후군에 걸린 현대인은 각종 커뮤니티의 힘을 빌린다. '이 제품이 좋은가요, 저 제품이 좋은가요? 상황이 이런데 입사를 할까요, 말까요?' 그러나 좋게 말해 집단 지성의 힘을 빌리는 사람들이 간과하고 있는 두 가지가 있다. 첫째, 타인의 조언이 오히려 선택적 갈등의 원인이 된다는 사실. 둘째, 수많은 리플을 얻었다 한들, 최종결정은 자기 몫이라는 사실이다. 커뮤니티에 글을 쓰는 성자님(작성자)은 답정너(답은 이미 정해져 있고 너는 대답하면 돼)다. 결국 자기 마음 가는 대로 결정하게 되어 있다.

임원을 꿈꾼다면, 햄릿 증후군을 경계하라

리더가 되고자 한다면 반드시 햄릿 증후군을 경계해야 한다. 속 시원하게 결정하지 못한 채 모호한 태도만을 유지하는 리더는 '무능력하면서 꼰대'로 분류되기 십상이다. 앞 장에서는 의사결정이라는 가시방석 위에 앉아 있는 임원의 모습을 살펴봤다. 삶이 끊임없는 선택의 연속이듯 직장 생활은 의사결정의 연속이다. 회식 메뉴를 고르는 것부터 기획의 방향성을 선정하는 것, 디자인을 고르고 업체를 선정하는 것까지 하루하루가 선택으로 가득 차 있다. 게다가 대기업일수록 의사 결정은 점점 더 힘들어진다. 한 가지를 결정할 때까지 거쳐야 하는 이해관계자가 내 위로 여럿 있다. 밤낮없이 문서를 완성했다 한들 끝이 아니다. 허들을 넘어야 한다. 하나의 안건을 놓고 유사 회의도 수차례 반복한다. 돌다리를 두드리고 또 두드린다.

임원은 기업 의사결정의 주체자다. 임원을 꿈꾸는 사람이라면 매일매일 작은 것부터 의사결정을 하는 연습을 해야 한다. 구체적으로 말하면 자신만의 의사결정 기준을 마련해야 한다. 사람을 중심에 두고 의사결정을 하는 임원이 있는가 하면, 물적 자원을 중심에 두고 의사결정을 하는 임원도 있다. 정답은 없다. 다만 자신만의 기준이 없다면 직원의 말에 이리저리 '흔들리며 피는 꽃'이 될 수밖에 없다. 일관성 없는 리더는 신뢰받지 못한다. 악순환이 반복되는 것이다.

갓 입사한 사원이라면 팀의 상사들을 관찰해보자. 내 옆의 사수, 과장님, 부장님의 의사결정 기준이 무엇인지 말이다. 제품의 생산을 놓고도 무조건 단가를 낮추는 걸 기준으로 삼는 상사도 있고, 단가보다는 이용자의 편의성을 최우선에 두고 결정을 내리는 상사도 있다. 기준의 근거는 바로 성과다. 심지어 의사결정이 신속해야 하는 이유조차 성과다. 기준이 없다면 순간의 감정에 이끌린 의사결정, 타인의 말에 흔들리는 의사결정을 하게 된다. 좋은 리더란 좋은 의사결정을 하는 사람이다. 합리적인 의사결정을 할 줄 아는 직원은 직장에서 인정받게 되어있다.

합리적인 의사결정을 위해 경계해야 할 5가지 착각

의사결정 역량을 갖추려면 어떻게 해야 할까? 무엇보다 임원이 빠지기 쉬운 5가지 착각을 피하는 연습을 해야 한다. LG경제연구원(2010)에서 정리한 자료가 있다. 리더가 빠지기 쉬운 5가지 심리적 함정이다. 그 내용을 전하면 다음과 같다.

첫째, 잘못된 합의 효과False Consensus Effect다. 허위 합의 효과, 거짓 합의 효과로도 불린다. 다른 사람도 나처럼 생각할 것이라는 착각, 다른 사람들도 내 의견에 동조할 것이라는 착각이다. "이렇게 하는 게 당연한 것 아니야? 길 막고 지나가는 사람 붙잡아서 물어봐라. 다 그렇게 대답하지." 어디서 많이 들어본 말 같지 않은가? 잘못된 합의 효과에 빠진 사람들이 흔히 사용하는 말들이다. 자신의 경험과 생각에 대한 근자감(근거 없는 자신감)에서 비롯된 오해다. 자신의 의견이 일반적이며 사회적으로 용인되는 가치라고 착각하는 것이다. 길을 막고 물어보라며 주구장창 '길막'을 강요하는 리더는 잘못된 합의 효과에 빠져 있다. 이런 리더는 변화하는 시대와 다양한 취향에 대응하지 못한다. 구성원의 눈엔 자기 생각의 범위가 세상의 전부인 양 착각하는 우물 안 개구리처럼 보일 뿐이다.

둘째, 확증편향Confirmation Bias 이다. "봐, 여기 11페이지에도 나와 있잖아? 거 봐, 내말이 맞지?" 이런 말을 하는 상사는 확증편향에 빠져 있다고 봐도 좋다. 이들은 보고 싶은 것만 보고 듣고 싶은 것만 듣는다. 이들은 자신의 가치관, 기대에 부응하는 정보에만 무게를 두어 의미 있게 바라본다. 연구자들은 특히 기업 구성원, 판사, 투자자, 연구자들이 확증 편향을 경계해야 한다고 강조한다. SNS에 엄청난 데이터와 피드가 넘쳐나는 요즘, 확증편향에 빠질 위험이 증대되고 있다. 같은 생각을 가진 사람들, 내 생각과 일치하는 정보만을 맹신한다. 그러다 보니 가짜뉴스가 확산될 수밖에 없다. 확증편향을 줄이기 위해서는 자신의 생각과 다른 의견에 주목해야 한다. 반대 의견에 대한 정보를 더 적극적으로 찾아야 한다.

셋째, 자기 고양적 편향Self-Enhancement Bias 으로, 마음속으로 투애니원의 〈내가 제일 잘나가〉를 끊임없이 부르는 사람들이다. 실제로 조직에는 "내가 저 사람, 저 상사보다는 낫지 않나?" 하고 묻는 사람들이 많다. 이들은 바로 자신이 남들보다 뛰어나다는 자기 고양적 편향에 빠져 있는 사람들이다. 피라미드의 상층부로 올라갈수록 자기 고양적 편향의 덫에 빠져 우월감을 과시하는 사례가 많다. 과거의 경험, 과거의 의사결정, 과거의 행동이 옳았기에 현재의 자리에 이

르렀다고 생각하기 때문이다. 잘 되면 내 탓, 안 되면 네 탓을 일삼는 상사를 본 적이 있는가. 수주에 성공하면 내가 잘한 결과이고, 수주에 실패하면 내정자가 있었다며 세상이 공정하지 못하다고 한탄한다. 자기 고양적 편향을 경계하려면 타인을 비교 대상에 두지 말고 자존감을 장착하자. 나는 나, 너는 너대로 인정해야 한다. 겸손한 사람이 합리적 의사결정을 내릴 수 있는 법이다.

넷째, 비현실적 낙관주의Unrealistic Optimism 다. "모두 잘될 거야. 너무 신경 쓰지 마"라는 노래가사를 아는가. 이 가사의 주체는 자신에게 좋은 일만 생길 것이라고 지나치게 낙관하는 착각에 빠져 있다. 비관적인 리더도 위험하지만, 지나치게 낙관하는 리더는 더 위험하다. 다가올 위기에 대비하지 못하기 때문이다. 어떤 리더가 자신이 담당하는 조직은 엄청난 성과를 낼 것이고, 담당한 신제품이 세상을 뒤흔들 것이라 낙관한다면 어떻게 될까? 긍정에는 분명 힘이 있다. 그러나 근거 없는 낙관주의는 조직의 독이다. 발전을 가로막는 장애물이다. 리더에게 필요한 능력은 상황 대처력과 냉철한 판단력이다.

다섯째, 통제감의 착각Illusion of Control 이다. 통제할 수 없는 상황에서도 모든 것을 통제할 수 있다는 착각을 말한다. 외부 환경에 직접 개입할 수 없음에도 불구하고 원하는 방향으로 이끌 수 있다고 믿는 것이다. 도박꾼들에게 주사위를 던지게 해보라. 그들은 높은 숫자가 나오기를 바랄 때는 세게 던지는 반면, 낮은 숫자가 나오길 바랄 때는 살살 던지는 경향을 보인다. 이 도박꾼들이 통제감의 착각에 빠져 있는 분명한 예시다. 주사위의 결과를 도박꾼이 통제할 수는 없다. 도박꾼은 머리로는 알면서도 스스로 통제할 수 있으리라는 착각에 빠진 것이다. 앞서 임원은 업무 통제력이 있기에 직원보다 스트레스가 적다는 사실을 다뤘다. 그러니 통제감의 착각이 임원의 정신 건강에는 긍정적 영향을 미친다. 하지만 이런 착각은 곧 자신의 능력을 맹신하는 태도로 굳어지고 만다. 통제감의 착각에 빠진 리더에게는 권한 위임도, 구성원에 대한 자율성 부여도 찾아볼 수 없다. 당연히 자연히 따르는 팔로워도 주변에 없다. 그저 임원 홀로 "중요한 것은 다 내 손으로 한다"고 쓸쓸히 소리칠 뿐이다.

2

임원도 결재는 두렵다

직장인의 심장이 요동치는 순간이 있다면 언제일까? 바로 중요한 발표를 앞두었을 때, 점심시간, 그리고 결재판을 들었을 때다. 중요한 사안일수록 보고할 문서의 무게에 결재판의 무게, 마음의 무게까지 더해져 천근만근이다. 전자결재가 널리 자리 잡았다고 해도 대면보고는 사라지지 않았다. 결재라는 것은 희한한 존재라서 하는 사람, 받는 사람 모두를 불편하게 한다. '결제'와 '결재'가 헷갈리는 이들에게 혹자는 말한다. '결제'의 '제'는 그 많은 돈을 "제가 썼다고요?" 할 때 쓰이고, '결재'의 '재'는 '재수 없음'에 쓰인다고 기억하면 결코 헷갈리지 않을 것이라고.

전략실장 윤전무는 조직 내 길이길이 전해져 내려오는 전설 속 주인공이다. 그 옛날 홍콩할매귀신, 90년대 학교를 떠들썩하게 했던 교문 앞 여성 2인조 흑장미, 백장미 괴담 같은 존재다. 선배가 후배에게, 사원이 신입에게 전수하는 이야기 속 인물이 윤전무다. 그는 국비로 미국 유학을 다녀와 30대 후반에 임원 자리에 올라 전설이 되었다. 지독한 마이크로 매니징은 그의 트레이드마크다. 윤전무와 함께 일했던 상사들은 자랑스레 "Latte is horse"를 시전하게 된다.

윤전무를 특히 유명케 만든 것은 연필 결재다. M사의 고급 볼펜이나 만년필로 결재용 사인을 멋들어지게 하는 여느 임원과 달리 윤전무는 연필로 결재한다. 자유자재로 썼다가 흔적없이 지울 수 있는 그 연필 말이다. 이유는 밝혀지지 않았으나, 문제가 생겼을 때 후처리를 쉽게 하기 위해서라는 의견이 다수설이다. 상사들은 젊은 축에 속하는 윤전무가 오래도록 자리를 보존하는 것에 연필이 한몫했다고 속삭인다. 이토록 임원들에게도 결재의 무게는 무겁다. 야근한 날의 눈꺼풀보다 더.

조선시대 리더인 수령에게도 결재는 자존심이 달린 문제였다. 다산 정약용의 『목민심서』를 보면 알 수 있다. 수령은 결재판 앞에서 망설이다가 실무를 자세히 알지 못하는 것이 부끄러워 다 아는 것처럼 도장을 쾅 찍어준다. 알지 못한 채 찍은 그 도장이 결국 발목을 잡는다. 결재판 앞에 자존심을 세운 죄로 수령은 수렁에 빠진다. 조선시대에도 지우개 달린 연필이 있었다면 많은 수령들이 롱런했을 텐데. 실무를 자세히 알고 결재하라는 다산 정약용 선생의 가르침은 오늘날에도 유효하다.

결재를 앞둔 자, 세 가지를 준비하라

직장생활에서 결재는 앞으로 나아가는 관문이다. 준비한 기획안, 결과보고, 제안서, 하다못해 휴가 하나까지 결재라는 능선을 넘어야 한다. 기획의 정석대로 결과물을 만들었다 한들, 결재권자의 눈 밖에 들면 그대로 파쇄기 행이다. 피, 땀, 눈물이 섞인 시간을 보상받는 것은 결재권자의 시원한 원샷원킬One Shot, One Kill 서명이다. 서명이 있어야 비로소 실행도 성과도 실패도 맛볼 수 있다.

성과는 하루아침에 만들어지지 않는다. 성과는 바로 숱한 결재를 획득한 결과다. 밥값하는 직원으로 성과를 내고 싶다면 결재도 전략적으로 준비해야 한다. 유럽에서 등장한 신조어 WAF를 아는가. 남자들은 공감할 것이다. Wife Acceptance Factor, 일명 와이프 승인 요소다. 남자들은 집에서 아내의 승인을 받아야 물건도 사고 여행도 떠난다. 소비도 방향성도 결국 아내 마음대로다. 회사에서는 어떨까? 결재권자 마음대로다. 리더 승인 요소LAF, Leader Acceptance Factor라고 명명할 수 있겠다. 결재권자 마음을 얻어야 전진한다. 리더를 찾아가기 전 다음의 세 가지를 준비했는지 점검 또 점검하자.

첫째, 숫자다. 리더들은 이상하리만큼 숫자를 사랑한다. 수학 포기자로서 문송한(문과라서 죄송한) 직원들 역시 조직의 숫자를 익혀야만 한다. 기안과 보고에는 숫자가 들어가기 마련이다. 이때 회사의 기본 데이터는 반드시 숙지해야 한다. 내가 만든 자료에 들어간 숫자가 그저 아라비아 숫자로만 존재해서는 안 된다. 숫자의 의미를 알아야 한다. '상당히 증가함'과 같은 아마추어적 표현은 반려각이다. 전체 예산 중 몇 프로를 차지하는지, 전월 대비 얼마가 늘었는지, 퍼센트(%)와 백분율의 차이를 나타내는 퍼센트포인트(%p)를 구별하는 것은 기본이다. 숫자에 의미를 부여하는 방법은 이렇다. '전년 대비 10%p 증가, 동종업계 M/S 대비 3%, 서울 면적의 2배'등과 같이 비교법을 사용하거나 '그룹 임직원 10명 중 7명 참여'와 같이 직감적으로 느끼게 하는 방법이다. '100명 중 90명이 참석'했다고 보고할 때는 '10명의 불참 사유'도 준비해야 한다. 결재권자 역시 그의 결재권자

앞에서 숫자로 성과를 말해야 한다. 임원들은 수치로 상황을 판단하는 직관력이 발달했다.

둘째, 증거(레퍼런스)다. 리더들과 마주하면 으레 들을 수 있는 표현이 있다. "저는 제 분야에서 혁신을 이뤄왔습니다", "저는 혁신을 좋아합니다." 툭 까놓고 이야기해보자. 리더들은 그냥 혁신가가 아니다. '안전한 혁신가'다. 혁신팀을 이끄는 강상무는 매사 이슈가 생기면 딱 두 마디를 던진다. "S사(국내 대기업)에서 어떻게 하는지 알아봐!"와 "G(글로벌 기업)에서 어떻게 하는지 알아봐!"다. 그만큼 증거를 사랑한다. 직원들에게는 "남이 가지 않은 길을 개척하세요"라고 말할지언정, 결재판 앞에서는 보수주의를 표방한다. 새로운 정보, 전혀 없던 창의적인 산물보다 기존의 것을 선호하는 보수주의 편향Conservation bias 이다.

주장에 대한 근거를 제시하라는 가르침은 초등학교 글쓰기 시간부터 이어졌다. 직장에서 결재를 얻을 때 필요한 것은 근거 말고 증거다. 기획자의 생각, 내 머릿속에서 정리한 근거는 주장을 뒷받침하는 증거로 인정되지 않는다. 등재지 이상 학술지에 게재된 연구 결과, 여러 전문가의 의견, 설문조사 데이터, 빅데이터 분석 결과, 선진 회사의 사례, 벤치마킹 결과가 증거로 채택된다. 물론 증거가 결재권자의 생각과 일치하면 금상첨화다. "거 봐, 이런 레퍼런스 찾아보니까 내 말이 맞지?" 하는 리더의 확증편향을 충족시켜주면 기분 좋은 서명을 얻는다.

셋째, 세련된 아부다. 직장인은 아부에 대해 양가감정을 갖는다. 아부하는 자에 대한 반감이 크면서도 막상 아부를 들으면 기분이 나쁘지 않다. 오히려 아부를 잘하는 것은 신종 역량이다. 아부를 잘한다는 것은 아부가 아닌 것처럼 포장하는 능력이다. 아부란 소위 손 비비는 '파리모드'로 하는 것이 아니다. 구체적인 표현으로 결재권자를 인정하는 말을 하는 것이다. 이를 위해서는 평소 리더의 성향, 가치관을 파악해 두는 게 도움이 된다. 실패하지 않는 아부는 '능력 있는 리더가 있어서 일에 도움이 됐다'는 메시지를 건네는 것이다. "원래는 아이템 잡는 데만 3일 꼬박 걸립니다. 그런데 이번에는 상무님께서 먼저 방향을 정리해주신 덕분에 하루 만에 큰 틀을 잡았습니다. 다른 팀들도 이렇게 빨리 방향을 정하는 팀은 처음 본다면서 부러워합니다"와 같은 말을 듣고 인상을 찌푸릴 리더는 없다. 잘 된 기획이라면 칭찬할 것이고, 부족함이 있다면 다시 방향성을 제시할 것이다. '당신은 방향성을 제시하는 리더'라고 먼저 닻을 내렸기 때문이다. 상대의 기대에 반하는 행동을 하지 않으려는 것은 인간의 본성이다. 리더도 그렇다.

결재판을 든 자, 상사의 모든 것을 고려하라

결재 내용물을 준비했다면 다음으로 고려할 것은 결재권자의 상황이다. 그런 것까지 고려해야 하냐는 불만이 생길 수도 있다. 상황에 따라 리더십 스타일도 달라지듯 결재의 난이도도 달라진다. 리더도 상황의 지배를 받는 사람이다. 결재판을 들고 먼저 고려해야 할 것은 리더의 심신 상태다.

리더의 몸 상태까지 고려해야 하다니 극한 직업이 따로 없다. 들어는 보았는가. 심사관의 체형에 따라 가석방 여부도 달라진다는 것을. 이스라엘 심리학자 샤이 댄지거Shai Danziger와 동료들은 시간대별 가석방 승인율이 어떻게 변화하는지 살폈다. 승인율은 이른 아침 처음 심사를 시작할 때 높았다가 식사시간에 가까워질수록 제로(0)에 가까워졌다. 식후 배부른 상태에서는 가석방을 승인할 확률이 두 배 이상 높았다. 의사결정에 피로도와 혈당 수치가 영향을 미쳤다. 오로지 이성이 90%를 차지할 것 같은 심사관조차도 신체 상태의 영향을 받는다. 객관적이고 이성적인 의사결정이 어렵다는 뜻이다. 의사결정에 영향을 미치는 요인 중 하나가 신체 상태다. 뚱뚱한 사람은 식후에 혈당이 올라간다. 그 때 리스크가 큰 의사결정을 내리는 경향이 있다. 포만감을 느낄수록 승인할 확률이 올라간다. 반대로 마른 사람이거나 다이어트를 하는 사람은 식전에 리스크가 큰 의사결정을 내리는 경향이 있다. 피로할 때는 누구라도 변화를 거부한다. 결재능선을 넘을 때는 리더의 정신이 맑은 이른 아침, 혹은 식후를 노려라. 부장님의 "식사합시다!" 외침에는 다 그럴 만한 이유가 있다.

의사 결정에는 우리가 간과했던 아주 작은 것들이 영향을 미친다. 감정 상태도 마찬가지다. 금융사에서 커리어를 키운 정상무는 주식왕으로 유명하다. 주식으로 많은 돈을 벌었다. 그의 기분은 주가의 영향을 받는다. 주식시장에 파란불이 켜지고 하락세가 이어지면 그날 방문을 두드려서는 안 된다. 빨간불이 켜지고 상승세를 이어가면 그날은 묵혀둔 결재판을 가져가도 프리패스Free pass 다. 상사의 상황을 고려해 접근하라. 눈치 빠른 자는 퇴근도 빠르다.

결재 능선을 넘는 세 번째 전략은 'Yes 세 번 유도하기'다. 보험계의 여왕으로 불리는 김전무. 김전무는 영업사원들에게 조언한다. 고객과 마주하면 간단한 질문으로 긍정의 답변을 유도하라고. 긍정적 답변을 하면서 새로운 것을 받아들일 열린 상태를 만들어내는 전략이다. 처음에 No, No를 외치다가 최종적으로 Yes를 외치게 하긴 어렵다. 열린 마음으로 내 보고를 바라볼 수 있도록 Yes를 유도하는 질문들을 준비하자.

3

임원의 시간은 동시다발적으로 흐른다

조직에는 저마다 행동 방식을 약속하는 '그라운드 룰Ground rule'이 있다. 공식적으로 선포하지 않아도 구성원은 그 룰을 따른다. 이를테면 점심식사는 늦어도 1시 15분 전까지 마치고 돌아오기, 서로의 개인사에는 관여하지 않기, 휴가 사유 묻지 않기 등이다.

인적자원실 김전무는 화요일 아침에 가장 바쁘다. 월요일은 계열사 임원회의, 그룹 임원 모임에 할애한다. 화요일 오전, 김전무의 방 앞에는 팀장들이 줄을 선다. 문 앞을 서성이는 팀장은 딱 두 분류다. 보고한 자와 보고할 자. 김전무를 모시기 위해서는 보고의 그라운드 룰을 지켜야 한다. 대면보고는 5분 안에 마쳐라. 김전무의 추가 질의가 있을지언정, 팀장에게 주어진 발언 시간은 5분 내외다. 방문을 두드리는 팀장들 손이 알록달록하다. 보고자료 1장, 그리고 빨강, 노랑, 초록 색색의 포스트잇으로 말이다. 포스트잇 위에는 보고할 주요 키워드와 2W1H(What, Why, How)만 덩그러니 자리할 뿐이다.

팀장들은 한 주간 팀에서 일어난 무수히 많은 일들을 짧은 시간 내에 담기 어렵다고 하소연한다. 짧고 강렬한 보고를 해야 하니 준비시간은 배가 된다. 팀장들은 팀별 보고 시간을 더 할당해달라 목소리를 높였다. 그럼에도 김전무의 5분 보고에는 한 치의 흔들림이 없었다. 석 달 후, 김전무는 사내 소식지에 대면보고에 대한 생각을 담았다.

"5분 보고는 보고받는 자, 하는 자 서로 윈윈이지요. 보고받는 리더는 흐트러짐 없이 내용에 집중할 수 있습니다. 아무리 나이를 먹어도 5분은 집중할 수 있으니까요. 30년 회사 생활 중, 팀장으로 8년을 살았습니다. 그때 느낀 점은 중요한 프로젝트가 무엇인지 오히려 팀장이 알지 못한다는 겁니다. 팀에서 산발적으로 진행되는 많은 일들을 관리해야 하기 때문이죠. 그래서 정작 중요한 것을 모른 채 살아갑니다. 위험하지요. 팀은 불안하고요.

물론 5분은 짧습니다. 중요한 말만 하기에도 모자라죠.

5분 보고를 준비하면서 팀장은 팀의 핵심 프로젝트가 무엇인지 생각할 수 있습니다. 다른 프로젝트들은 주간보고에 정리되어 올라오니 짬을 내어 읽으면 됩니다. 다 알고 있으니 걱정하지마세요.”

5분 보고를 바라보는 김전무와 팀장들, 동상이몽이다.

임원의 시간은 소중하니까요

주 52시간 근무제가 혜성처럼 등장했다. ‘아, 오늘 밤 서버가 불탔으면 좋겠네’를 외치며 종교 없는 자도 하나님을 찾게 하는 중대한 이유 하나가 사라졌다. PC가 자동으로 꺼지고 사무실이 암전된다. 프로그램 하나 깔았을 뿐인데 모든 직원의 업무 시간이 관리된다. 워워밸Work-Work Balance만 존재하던 시커먼 사회에 워라밸Work and Life Balance이라는 아름다운 단어가 성큼성큼 다가온다. 직원들의 워라밸 보장, 과연 인사팀과 조직문화팀만의 몫일까?

아니다. 부담은 리더에게도 돌아간다. 눈코 뜰 새 없이 바쁜 와중에 두 마리 토끼를 다 잡아야 한다. 사실 임원은 주52시간 제도의 적용 대상이 아니다. 업무의 연속성 때문이다. 함께하는 구성원들은 제도권 하에 있으니 더 힘

들다. 임원 스스로의 워라밸, 구성원의 워라밸 모두 챙김 대
상이다. '시간 싸움'하느라 오늘도 임원의 흰 머리는 늘어만
간다.

　'가장 이상적인 리더 스타일은?'이라는 물음에 학자들
은 이렇게 답한다. 변혁적 리더십, 카리스마 리더십, 서번트
리더십……. 리더십을 연구하는 학자들의 수만큼이나 리더
십 유형은 많다. 학자들에게 고한다. 연구는 감사하지만 현
실은 다르다고 말이다. 다 필요 없고 칼퇴근 해주는 리더가
최고다. 먼저 사라져주는 게 미덕이다. 물론 결재는 다 해주
고 가셔야 뒷모습이 아름답다.

　고상하게 말해 이를 '시간관리 리더십Temporal leadership'
이라고 부른다. 리더의 시간을 조명하는 관점의 연구도 증
가하고 있다. 이미 해외에서는 리더의 시간관리를 리더십의
주요 축으로 간주한다. 우리나라는 이제 시동을 건 참이다.
주 52시간제의 시행도 한몫했다. 복잡해지는 경영환경, 프
로젝트 위주의 업무 진행은 리더가 시간을 소중히 관리해야
하는 이유다. 조직에서 동시다발적으로 진행되는 프로젝트
는 한둘이 아니다. 여러 프로젝트에서 진행되는 활동, 일정,
진행경과를 관리해야 한다. 프로젝트의 순항을 위해 임원은
부지런히 파악하고 조언해야 한다. 그러니 건강관리보다 시
간관리를 우선시할 수밖에 없다. 리더의 시간관리가 팀의

성과를 증진시키기 때문이다. 리더가 동시다발적으로 진행되는 프로젝트를 적시에 관리해야만 혼란이 감소된다.

바쁜 와중에 설상가상으로 직원들은 임원부터 좀 퇴근하라고 아우성친다. '상무님 도대체 언제 가시는거야?' 하는 메신저가 돌기 전에 가방을 챙기는 할리우드액션을 직원들 앞에서 크게 선보여야 한다. 동시다발로 진행되는 프로젝트들, 구성원, 건강, 모임 일정, 게다가 가방까지. 챙길 것 참 많은 임원은 시간에 민감하게 반응한다. 젊은 임원들은 시간에 더욱 민감하다. 그들은 대면보고도 아니라며 카톡 보고를 선호한다. 보고하면 즉각 답이 돌아온다. 젊은 임원과 함께하는 구성원들은 카톡으로 핵심만 간결하게 쓰면서 문장 뒤 물결 표시 하나로 약간의 상냥함을 첨가한다. 인스턴트 메시지와 노란 메신저 속 직원들의 노고로 조직 의사결정 호흡이 빨라졌다.

팀장은 임원, 고위 임원으로 오를수록 대하드라마를 혐오한다. 가만히 듣고 있을 여유가 없다. 일요일 아침을 화려하게 열어주는 MBC 〈서프라이즈〉를 선호한다. 핵심만 콕콕! 재미있게! 빠르게! 끝내야 한다. 하나의 스토리가 끝나야 다음 프로젝트 경과를 받아들일 틈이 생기니까. 여러 개의 스토리를 봐야만 일요일이 알차듯, 동시다발로 진행되는 다양한 프로젝트 경과를 확인해야 안도한다.

전적으로 30초 안에 끊어야 합니다

그래서 어떻게 해야 하냐고? 김전무의 '5분 보고'를 상기하자. 간략하게 30초 안에 핵심을 전달하는 연습이 필요하다. "아부지~ 돌~ 굴러가유~" 하고 있으면 상황은 이미 다 지나간다.

임원과 자주 마주하는 팀장들은 말한다. 우리 상무님은 집중력 장애라고. 꼬박 이틀을 준비한 중요한 보고, 수십 명의 피와 땀이 담긴 귀한 결과물을 보고하는 자리인데 어떻게 그 자리에서 전화를 받고 문자를 확인하고 창밖을 보시냐고. 심지어 급한 일이 있다면서 아예 회의장에서 사라지기까지 한다며 서운함을 토로한다.

이것이 30초 안에 핵심을 말해야 하는 이유다. 임원은 우리 팀 보고에만 집중할 수가 없다. 보고를 받는 순간에도 임원의 머릿속에는 수십 가지 명사와 동사들이 둥둥 떠다닌다. 임원이 갑작스레 보고 자리를 이탈해도 결론만은 알고 갈 수 있게 도와야 한다. 30초 안에 What(무엇을 보고할지), Why(왜 보고하는지), How(그래서 어떻게 일했는지)를 말해야 한다.

할리우드로 가보자. 감독들은 엘리베이터에서 만난 투자자를 사로잡기 위해 빠르고 간결하게 스토리를 풀어낸다.

일명 '로켓 피치'라고도 불리는 이것이 엘리베이터 스피치의 유래다. 엘리베이터 스피치는 물론 어렵다. 같은 엘리베이터를 탄 것만으로도 운수 나쁜 날인데, 하물며 엘리베이터에서 스피치까지 해야 한다니. 직장인이 가장 두려워하는 것이 스피치다. 낙하산 없이 비행기 위에서 뛰어내리는 공포와 맞먹는다고도 한다. 때문에 더더욱 준비해야 한다. 갑작스런 보고에도 당황하지 않도록.

이럴 땐 140자에 메시지를 담아내는 트위터를 떠올리자. 내 프로젝트 결과를 트위터에 등록한다고 생각하는 것이다(물론 트위터는 멘션에 담는 글자 수 제한을 280자로 늘렸다. 여기에 한국어, 중국어, 일본어는 제외다. 우리말은 140자로 함축하여 표현할 수 있다는 논리다). 여기에는 어떤 프로젝트를, 어떻게, 왜 그렇게 수행했는지가 나타나야 한다. 워드 프로그램이나, 포스트잇, 노란 메신저에다 간략히 핵심만 나타낸 문장을 써보면 좋다. 30초의 말하기 후에 "그래서 어쩌라고?"와 같은 화살이 돌아오지 않아야 한다. "오 그래? 김과장, 더 자세히 말해줘"가 돌아오면 일단 합격이다.

임원에게 짧게 핵심만 보고하라는 따뜻한 잔소리는 조선시대에도 유효했다. 조선시대 왕에게 보고할 때는 반드시 서목書目을 붙여야 했다. 서목은 보고를 올릴 때 핵심만 간단히 적어 함께 올리던 문서다. 오늘날 보고서의 서두를 장식하는 이그제큐티브 서머리Executive Summary와 같다. 모든 존재에는 이유가 있다. 이그제큐티브 서머리는 MECEMutually Exclusive, Collectively Exhuastive, 상호 배타적이면서도 전체를 포괄함하게 잘 써야 한다는 상사의 잔소리에도 다 이유가 있다. 조선시대 신하들도 서목에 핵심을 녹여 역사를 만들었다. 사극 속 왕들은 민가도 둘러보고 정치도 했다. 풍류도 즐기고 사랑까지 하느라 바빴다. 임원도 마찬가지다. 난해한 글을 썼던 프루스트를 존경한다고 해서 의식의 흐름으로 말했다가는 상처받는다. 당신이 프로젝트의 서막을 얘기하는 동안 임원은 급한 전화와 함께 회의장을 나서고 있을 테니까.

4

부장 같은 과장 vs 과장 같은 과장

인사팀에는 두 명의 과장이 있다. 나란히 입사해 줄곧 같은 부서에서 근무한 최과장과 한과장이다. 16명으로 구성된 인사팀 내 여성 인력은 두 개의 파로 나뉜다. 최과장파와 한과장파다. 겉보기에 평화로운 둘의 관계는 가까이에서 보면 라이벌 관계다. 가깝게 착 붙지 않고 늘 1미터 정도의 거리를 유지하는 두 과장. 이 둘이 공감대를 형성하는 때는 입사 시절 이야기를 꺼낼 때뿐이다. 조직생활을 해나가는 방법도 사뭇 다르다.

　최과장은 국내 최고 대학을 졸업한 엘리트다. 맡은 업무를 마치고 나면 부리나케 퇴근도장을 찍는다. 그런 최과장을 두고 한과장파에서는 '8분이'라 부른다. 입사 이래로 잔업을 8분 이상 하는 걸 본 적이 없기 때문이다. 최과장은 퇴근 후 피트니스센터에서 꾸준히 PT를 받고, 글로벌 HR 담당자답게 중국어 강좌를 수강한다. 최과장은 평소 후배들에게도 관심이 많다. 점심시간 1시간 전부터 사내 메신저로 후배들을 소집해 맛집 탐방을 계획한다. 부사수와 함께 주어진 업무만 문제없이 잘 수행하면 된다는 주의다.

한과장은 중상위권 대학을 졸업했다. 최과장파는 한과장을 '젊은 꼰대'라 부른다. 폭탄이 떨어져도 동공의 흔들림도 없을 차분한 성격의 한과장은 상사들과의 관계가 돈독하다. 점심시간에도 믿고 따르는 상사들과의 약속이 주를 이룬다. 윗사람들의 이야기와 업무 스타일을 배우고자 노력한다. 퇴근 후에는 옆 부서의 여자 선배들과 사적인 만남도 자주 갖기로 알려졌다. 윗사람들과 두루 친하기에 업무에 필요한 요청도 쉽게 한다. 이것이 한과장 파트의 업무가 순항하는 이유다. 한과장은 후배들에게 곁을 잘 내어주지 않는다. 하지만 일 잘하는 것으로 존재감이 묵직하기에 후배들이 스스로 따른다.

최과장과 한과장 사이의 보이지 않는 승부에도 승자가 있다. 2년 후 차장 승진자로 한과장의 이름이 올랐다. 사람들은 이러쿵저러쿵 말이 많다. 국내 최고 대학의 화려한 스펙도 눌러버린 젊은 꼰대의 비결에 대해서 말이다. 이에 대해 팀장은 오프 더 레코드로 말한다. 한과장은 '부장 같은 과장'이라고. 최과장은? 그냥 '과장 같은 과장'이라고 말이다.

'쉽게 사장이 되는 법'에는 두 가지가 있다고 한다. 사장의 아들로 태어나거나, 와튼스쿨 혹은 하버드 MBA를 거치거나. 이 두 가지 중 하나에 해당하지 못한다면 최고가 되기위해 노력하는 수밖에 없다. 이 노력 중에 검증된 것은 최고의 사람들과 함께하는 거다. 고등학생이 대학생과 놀 수 있는 방법은 자신도 대학생이 되는 것이다. 차장을 꿈꾸는 과장이라면 차장 포스 풍기는 '차장 같은 과장'이 되고, 임원을 꿈꾼다면 '임원 같은 과장'이 되면 된다.

리더십 파이프라인 두 단계 위를 봅시다

부장 같은 과장, 임원 같은 과장이 되는 방법이 있기나 할까. 리더십 파이프라인을 확인해 두 단계 위를 보자. 리더십 파이프라인이란 조직에서 리더십 단계를 구분하고 각각의 단계마다 해야 할 일, 갖춰야 할 역량을 정리해둔 족보다.

조직에서 내 역할이 바뀔 땐 혼란스럽다. 무엇을 보여줘야 할지, 과연 맞는 옷을 입은 것인지 고민된다. 가지고 있는 것과 가져야 할 것을 떠올리느라 타이레놀을 애타게 찾는다. 이런 고민을 덜어주기 위해 존재하는 것이 리더십 파이프라인이다. 임직원이 알지 못하게 꽁꽁 숨겨져 있을 뿐 리더십 파이프라인은 존재한다. 만약 입사 혹은 승진했을 때 오리엔테이션, 교육과정에서 우리 조직의 리더십 파이프라인을 목격하지 못했다면? 그럴 땐 인사팀, 인재개발팀의 문을 쾅쾅 두드려야 한다. 리더십 파이프라인을 두 눈으로 확인하면 역할에 대한 부담을 절반쯤 내려놓을 수 있다. 서버 깊숙한 곳에라도 리더십 파이프라인이 살아 숨쉬는 조직이라면 다행이다. 대개는 파이프라인에서 정리한 역량대로 평가까지 진행하므로 파이프라인을 먼저 아는 자가 승자다. 자기계발도 무엇을 해야 할지 알고 하는 사람과 이것저것 찔러보는 사람의 엔딩은 다르다. 글로벌 기업 GE도 그렇다. GE의 연수원 크로톤빌에서는 상부에 올라가기 전에 미리 그 단계에서 필요한 역량들을 학습하게 한다.

최과장, 한과장의 회사 리더십 파이프라인을 살펴보면 이렇다. 1단계, 초급관리자 역할. 이 단계에 있는 사람에게는 대인관계역량이 필요하다. 2단계는 이 초급관리자의 관리자다. 업무할당, 업무코칭 역량이 필요하다. 3단계는 영역전담 관리자로 장기적인 전략 프로젝트를 수행해야 하고 경쟁우위 개발 역량이 필요하다. 4단계는 사업총괄관리자다.

팀워크 구축, 자원배분, 조직 운영 역량이 필요하다. 5단계는 그룹관리자로 위기관리 역량, 상황적 리더십이 필요하다. 마지막인 6단계는 기업관리자다. 전략적 사고와 비전 리더십이 필요하다. 한과장은 초급관리자임에도 불구하고 이 업무역량이 월등했다. 구성원이 스스로 따르고 업무에 필요한 자원도 자발적으로 조달한다. 자신이 속한 단계를 가뿐히 뛰어넘는다.

그런데 만약 리더십 파이프라인을 도저히 찾을 수 없다면 어떻게 할까? 투자의 귀재, 워렌 버핏은 삶으로 말한다. 완전히 이해하는 곳에만 투자하고, 성공하려면 '능력의 범위'를 먼저 파악하라고. 그러니 리더십 파이프라인이 없어도 슬퍼할 필요는 없다. 눈을 돌려 내 직위 두 단계 위의 상사를 관찰하면 된다. 그리고 그 상사의 역량을 자기 역량으로 만들면 그만이다.

두 단계 위의 역량은 어떻게 키울까. 인바스켓In basket 과 태스크포스팀TFT 을 웃으며 반기자. 인바스켓은 일명 서류함 기법으로 역량을 평가하는 평가센터AC, Assessment Center 에서 활용하는 시뮬레이션 기반 평가도구 중 하나다. 상사가 급한 일로 출근하지 못한 채 연차를 사용하겠다고 알려왔다. 상사의 서류함에는 시급한 일들이 처리를 기다리고 있다. 표적은 나다. 아무도 일을 대신해줄 수 없다면 어떻게 조치

할 것인가. 후배가 남긴 메모, 상사의 호출, 답장을 요구하는 이메일이 수두룩하며, 업무 유관 부서의 협조 요청까지 처리할 일이 수두룩하다. 이럴 땐 우선순위를 어떻게 정할 것인가, 어떻게 문제를 처리할 것인가가 핵심이다. 주어진 시간 내 업무처리 순서와 방법을 글로 풀면 된다. 지금 맡은 업무에만 능통해서는 상사의 서류함을 비울 수 없다.

안타깝게도 역량평가 대상이 되는 리더, 리더 후보자급이 아니라면 회사에서 인바스켓을 접해볼 기회가 많지 않다. 그럼에도 앉아서 기회가 오기만을 기다리면 바보다. 주위에는 관찰할 상사, 모방할 상사가 널렸다. 김대리의 눈으로 이차장 업무를 스스로 '셀프 인바스켓Self In basket' 해보자. 동료에게 하루에도 삼 세 번 말하는 "나라면 저렇게 안 해"를 인바스켓으로 풀어보자. 상사가 괴로움을 호소하는 수많은 일들을 업무노트의 'To do list'에 쓰자. 산적한 일들의 우선순위와 처리방법을 구체적으로 적어보는 거다.

태스크포스팀도 도움이 된다. 태스크포스팀은 업무 루틴에서 벗어나 새로운 업무의 처음과 끝을 빠르게 경험해볼 수 있는 기회다. 태스크포스팀의 일원이 되면 제너럴리스트로서 인사, 총무, R&D를 넘나들며 관여해야 한다.

교육학을 전공하면서 알버트 반두라라는 학자를 좋아하게 됐다. 반두라는 현상을 관찰하는 것만으로 관찰

학습_{Observational learning}이 이루어진다고 했다. 그가 한 대표적인 실험이 '보보인형_{Bobo doll} 실험'이다. 어른이 보보인형을 때리고 공격하는 것을 본 아이가 이를 모방한다는, 부모들을 멈칫하게 만드는 그 실험말이다. 관찰학습에는 몇 가지 조건이 필요하다. 행동을 학습하기 위해 주의를 기울이고 관찰한 행동을 기억하는 것이 필요하며, 기억한 행동을 실현할 기회가 주어져야 한다. 행동으로 보상받는 것을 보면서 스스로 동기부여 하는 자세도 필요하다.

그렇다면 조직에서의 보보인형 실험도 유효할까? 지루한 회사 생활을 달래줄 사이드 프로젝트가 필요하다면, 리더십 파이프라인의 단계를 뛰어넘고 싶다면 보보인형 실험을 시작하자. 첫 단계는 주위에서 인정받는 상사를 타깃으로 삼는 것이다. 그 후에는 상사의 행동을 학습할 목적으로 주의를 기울이는 것부터 시작하면 된다. 상사의 가치관, 말투, 업무 스타일, 시간관리 등 조직에서의 모든 행위를 모방해보자. 모방의 결과가 승진인지 좌천인지 지금 당장 알 수 없다고 해서 실험을 끝내기엔 이르다. 나만의 타깃이 된 상사가 어떤 결과를 얻는지 보는 것만으로도 이미 충분한 학습을 이룬 셈이다.

운전자 지식은 금물, 전문적 경험을 쌓아라

리더십 파이프라인 단계를 뛰어넘을 때 경계해야 할 것은 '운전자 지식Chauffeur's Knowledge'이다. 운전자 지식은 여기저기서 들은 내용만으로 아는 척을 하는 가짜 지식이다. 분야에 대한 고민 없이 흉내만 내는 걸 말한다. 유명 강연자를 태우고 강연장을 넘나든 운전자가 있었다. 강연자가 강의를 진행할 동안 운전자는 뒷자리에 앉아 강의를 듣곤 했다. 수십 차례 똑같은 강연을 듣다 보니 어느새 운전사는 강연을 모조리 외우게 됐다. 이 이야기의 주인공은 노벨 물리학상을 수상한 막스 플랑크Max Planck의 운전사다. 운전사는 계속된 강연으로 피곤해하는 막스 플랑크에게 이런 제안을 했다. 똑같은 강의를 수십 번 들으니 강의 내용을 다 알게 되었다고. 대신 강의할 테니 맨 앞자리에서 운전자 모자를 쓰고 푹 쉬는 것이 어떻겠냐고 말이다. 어느 날 운전자는 막스 플랑크 대신 양자물리학 강의를 했다. 실수 없이 긴 강연이 마무리 되어가고 있었다. 그런데 끝날 무렵 돌발 상황이 발생했다. 이제껏 운전사가 들어보지 못한 질문이 툭 튀어나온 것이다. 운전사는 당황하지 않고 말했다.

"그런 단순한 질문이 나오리라고 예상치 못했습니다. 그 정도는 제 운전사도 답할 수 있으니 그에게 부탁하겠습니다."

오래 전해져 내려오는 전래 동화 같은 이야기다. 실제로 운전사가 강의를 했을 가능성은 희박하다는 게 다수의 의견이지만, 도시 괴담이든 무엇이든 운전사의 이야기는 우리가 속한 조직을 돌아보게 한다. 운전자 지식으로 무장한 전문가는 곳곳에 존재한다. 그는 나일 수도, 내 주위의 누군가일 수도 있다. 운전자 지식을 갖춘 사람들을 구별하는 방법은 그에게 질문을 던지는 것이다. 잘 알지 못하는 것을 묻는 질문에 진짜 전문가는 "그 부분은 잘 모른다"고 솔직하게 말하는 반면, 운전자 지식을 가진 사람은 무지를 앎으로 포장하기 위해 엄청나게 많은 말들을 쏟아낸다. 리더는 무능할수록 공격적이라는 것과 같은 맥락이다.

조직에서 승승장구하다 운전자 지식으로 망신당하지 않으려면 전문적인 경험이 필요하다. 많은 학자들이 무식하다는 소리를 듣는 리더가 되지 않으려면 경험을 쌓아야 한다고 조언한다. 신입사원을 전문가로 만드는 것은 경험이다. 경험적 자산을 축적한 사람에게는 '모르는 것을 모른다'고 말할 용기가 있다. 한 사람의 전문성을 쌓는 과정에서 경험이 중요한 이유는 두 가지다. 첫째, 경험은 절차적 지식을 쌓게 한다. 운전자 지식을 가진 사람은 직접 경험하지 않았기에 'Why'를 설명할 수 없다. 둘째, 경험의 폭이 넓으면 비구조화된 문제를 해결하는 데 도움이 된다. 경험은 조직의 문제를 해결할 때의 한계가 무엇인지, 무엇을 해야 하고 하지 말아야 하는지에 대한 정보를 제공한다. 다양한 사례를 접하면 경험적 지식이 된다. 제조업에서의 광고와 서비스업에서의 광고가 다르듯 다양한 환경에 노출되어야 진짜 앎이 된다. 그냥 열심히만 일하는 사람은 많다. 하지만 다양한 경험을 바탕으로 전문성을 쌓는 사람만이 운전자를 이끌 수 있다.

조직에서 내게 주어지는 역할이 버거울 때, 새로운 변화를 거부하고 싶을 때마다 정주영 회장의 이 질문을 떠올리자. "해봤어?" 해보지 않은 사람은 운전자 지식 안에 머물러 있을 뿐이다.

5

제너럴이냐, 스페셜이냐

입사 후 인적자원개발 일을 쭉 이어온 김과장의 최대 고민
은 앞으로의 커리어다. 지금까지 잘하고 있는가도 고민이거
니와 조직 내 최애 동료 이과장이 떠났다. 이과장은 비트코
인 투자로 연봉의 10배에 달하는 수익을 거두면서 이제는
"진짜 내 일을 하고 싶다"면서 직장과 쿨하게 작별했다. 김
과장은 불안하다. 명함에 힘을 주는 이 대기업에서 계속 몸
담아 임원이 되고 싶다. 허나 수많은 경쟁자를 제치고 별이
되자니 그간의 성과가 그리 좋지 않다. 세상은 T자형 인재,
A자형 인재를 이야기했다가 4차 산업혁명 시대에는 융복합
형 인재를 말한다. 어느 장단에 몸을 맡겨야 할까.

덜컹거리는 퇴근길 지하철에 앉아 12년 전 겨울을 떠올린다. 신입사원 면접장이다. '면접관은 그냥 옆집 아저씨'를 수십 번 되뇌고 갔지만 주체할 수 없던 그날의 떨림. 면접관은 말한다. "전공도 교육학, 석사도 교육공학, 인턴도 그쪽으로 하셨네요. HRD인적자원개발 전문가가 되는 게 목표이신가요?" 자신 있게 전문가로 인정받아 연수원장이 되겠다고 답했다. 그 답은 그때는 맞고 지금은 틀리다. 얼마 전 면담에서 팀장은 말했다. "김과장이 나중에 팀장을 하기에는 말이야……. 너무 교육 일만 했어. HRM인적자원관리쪽은 경험이 없지? 총무나 회계도 두루 거쳐봤나? 김과장이 인재개발팀장이 되리라는 보장도 없어. 전문가는 널렸고 인재개발팀장은 외부영입도 많잖아. 다른 팀을 맡을 수도 있는데 그러기엔 경험의 폭이 좁네."

제너럴이냐, 스페셜이냐, 그 끝없는 논쟁에 대하여

김과장의 고민은 당연하다. 제너럴리스트가 되느냐, 스페셜리스트가 되느냐는 직업 세계를 둘러싼 오랜 논쟁이다. 정해진 답도 없다. 전문가마다 이론과 상황에 따라 제각기 다른 답을 제시하니 더 어렵다. 한 가지 방향성은 있다. 직무를 수행하는 실무자는 스페셜리스트가, 리더십을 발휘하는 자리에 가까워질수록 제너럴리스트가 되어야 한다는 것이다. 실무자는 자신의 직무 전문가로서 기능하면 된다. 하지만 리더는 직접 실무에 뛰어드는 역할이 아니기에 높은 곳에서 멀리 내다보는 시야가 필요하다. 오히려 임원은 다각도의 평가와 점검을 거쳐 부여받는 자리이기에 강점 한 개를 가진 사람보다 단점이 없는 사람이 거머쥘 확률이 높다.

커리어에 대한 고민으로 잠 못 드는 세상의 많은 김과장들을 위해 준비했다. 오랜 논쟁 끝에 많은 회사들은 이 같은 고민을 잠재워줄 제도를 갖췄다. 이중 경력 제도Dual ladder system 다. 이런 회사에서는 임원도 두 개의 트랙, 즉 제너럴리스트와 스페셜리스트의 길을 나누어 선발한다. 리더십보다 직무에 강점이 있는 경우 '연구임원', '마스터', '펠로우'와 같은 직위를 부여한다. 이들은 R&D 분야에서 연구의 방향설정에 깊이 관여하는 등 독자적인 전문성을 갖는 임원이다. 반면 다양한 분야에서 일하며 리더로서의 자질을 인정받은 이들은 일반 임원이 된다. 우리가 아는 기획실장, 전략실장처럼 관리자로서 영향력을 행사하는 임원이다.

김과장을 향해 임원들은 조언한다. 먼저 확인할 것은 자신의 직무 하나만으로 스페셜리스트 임원이 될 수 있는지의 여부다. 만약 불가능하다면 다양한 직무를 거치는 편이 낫다. 조직에서 김과장은 이미 인적자원개발HRD 전문가가 되었다. 15년의 세월이 증명해준다. 모르는 것이 있을 때 김과장을 찾는 사람이 많다는 것은 영역을 넓힐 때가 되었다는 증거다. 김과장이 줄곧 해온 인적자원개발 업무와 맞닿아 있는 인적자원관리HRM, 대관을 담당하는 총무, 돈을 관리하는 회계 등을 경험해야 한다.

단, 일을 통한 육성에는 일관성이 필요하다. 김과장이 처음 뿌리내리고 전문성을 확보한 인적자원개발 분야와 동떨어진 엉뚱한 분야는 도움 되지 않는다. 인적자원개발 분야는 채용, 관리, 금전적 보상, 비금전적 보상, 평가와 맞물려 있기에 필수적으로 거쳐야 하는 경로다. 스페셜리스트는 등용문이 좁다. 한 우물을 판 스페셜리스트보다 일관성 있는 두세 개의 분야에서 25% 안에 드는 사람이 임원이 될 확률이 높다. 예로부터 전해오는 말이 현답이다. 우물을 깊게 파고 싶다면? 넓게 파야 한다.

경력 3단계, IPA를 활용하라

조직 피라미드의 상층부에 진입한 임원들의 커리어는 순항했을까? 임원들의 이야기를 들으면 알게 된다. 어느 위인의 전기라도 기승전결이 명확하듯, 임원들의 커리어에도 저마다의 기승전결이 있다. 새로운 국면을 맞이하는 속도에 차이가 있을지라도.

새로이 서비스 계열사의 대표이사가 된 김전무. 내로라하는 미국 대학에서 석박사학위를 거치고 세계적인 컨설팅사에 몸담았다. 화려한 스펙 덕을 톡톡히 봤으리라는 통념과 다르게 김전무는 스스로의 커리어를 '위태로웠다'고 자평한다. 고객사와의 분쟁으로 위기를 맞이했던 경험, 가장 아꼈던 직원이 자신 때문에 조직을 뒤로한 채 떠나갔던 경험, 한직으로 좌천되어 조직에서의 비중이 줄어든 경험, 한 번도 접해보지 못했던 새로운 프로젝트를 이끌었던 경험 등이 꼬불꼬불한 김전무 커리어 곡선의 고점과 저점을 설명한다. 김전무의 이야기를 들으면 기다렸다는 듯 많은 임원들이 입을 보탠다. 저마다 막장 드라마급 경험들을 쏟아낸다.

성공한 임원들의 커리어는 크게 3단계로 구분된다.

1단계는 스페셜리스트가 되는 단계다. 김전무처럼 박사학위를 가지고 처음부터 그 분야의 전문가로 출발한 경우가 아니면, 대개 처음 맡은 업무가 스페셜리스트로서 발을 딛는 첫 관문이다. 처음 맡은 업무가 자신의 적성에 맞지 않는다면 빠른 태세 전환이 필요하다. 사람들은 너무 좋은데 일 때문에 "회사 가기 싫어"를 외친다면 재빨리 인사팀의 문을 두드려야 한다. 미래를 생각한다면 다른 곳에 배치되는 편이 낫다. 직원은 성과로 실적을 쌓아야 한다. 그래야 임원이 되는 것이다. 경력 기술서에 열 가지 이상의 성과를 기술할 수 있다면 충분히 깊게 파고든 것이다. 직무에 대한 궁금증을 나로부터 해소하는 사람들이 많다면, 이제 넓게 뻗어갈 시점이 도래한 것이다.

2단계는 제너럴리스트로 넓게 뻗어가는 단계다. 이 단계에서는 인접한 업무 분야를 일관성 있게 두루 거친다. 인사담당자와의 면담에서도 내 커리어의 방향성을 피력할 필요가 있다. 다양한 사람, 제도, 상황을 겪으면서 자연스레 학습하는 과정이다. 여러 직무를 경험하면서 직장생활에서 통용되는 공통적인 기술이 몸에 스며들게 준비해야 한다. 훗날 리더가 된 이후에 의사소통 기술, 문제해결 방법을 두고 고민할 수는 없다.

3단계는 높이 올라가는 단계다. 여기서 사업 리더로 성장한다. 이때는 외부인맥과 다양한 경험에서 오는 힘이 중요하다. 리더의 내부인맥은 자칫하면 파벌싸움으로 번질 위험이 크다. 외부인맥은 문제 해결에 건설적인 조언과 도움을 준다. 다양한 경험을 통해 굳어진 암묵지도 경영에 도움이 된다.

중요한 것은 1~2단계에 있을 때 3단계를 대비해야 한다는 것이다. 리더로서 필요한 역량 우선순위를 점검해야 한다. 연구방법론인 IPA Importance-Performance Analysis 를 적용하는 방법이 있다. X축은 중요도, Y축은 현재수준으로 설정하고 4사분면의 그래프를 만든다. 업무를 수행할 때, 앞으로의 커리어에 필요한 역량들을 쭉 나열한 후 그래프의 4사분면 위에 배치해보는 것이다. 중요도는 높으나, 현재수준은 낮은 역량을 우선적으로 개발하면 된다.

* IPA 예시

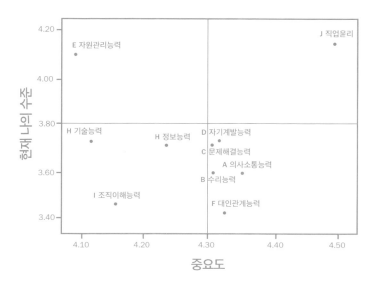

6

임원과 직원의 역할은 다르다

22년 재직 끝에 상무가 된 마팀장. 그는 오늘의 영광을 만든 건 8할이 이차장 덕이라고 치하한다. 이차장은 올해로 14년 차 직장인으로, 3년째 마팀장의 오른팔로 살고 있다. 팀 내 차석이 따로 있어도 이차장의 자리는 넘보지 못한다. 마팀 장은 오로지 자신의 곁을 이차장에게만 내어준다. 시기와 질투를 내비치는 이도 많다. 오죽하면 이차장이 마팀장의 담뱃재까지 손으로 받아낸다는 유언비어가 돌까. 승진은 마 팀장이 했는데 사람들이 이차장을 추켜세우는 이유는 이차 장의 능력 때문이다. 마팀장이 개떡같이 말해도 찰떡같이 알아듣는 이해력, '아무 말 대잔치'도 현실로 바꾸는 실행력이 있다. 이팀장이 두 가지 안을 제시하면 마팀장은 특유의 촉으로 그 중 시장의 반응을 얻을 아이템을 선택한다. 그 선택은 예외 없이 적중했다. 고도의 판단력이다. 말하자면 마팀장은 판단에 능해 임원이 됐다. 그러면 그 판단을 옳은 것으로 만드는 건? 그건 실무왕 이차장의 몫이다.

임원과 직원의 R&R, 혼동하지 맙시다

임원과 직원의 역할은 다르다. 직원이 운전하는 운전수라면, 임원은 갈림길에서 좌회전 혹은 우회전할지를 선택해주는 네비게이션이다. 실무에 깊이 관여해서 일거수일투족에 사사건건 관여하는 리더가 있다. 실무자를 믿고 권한을 위임해주지 못하는 이런 리더는 리더가 될 자격이 없다. 반면 독단적으로 결재 라인을 뛰어넘는 것으로 유능함을 증명하려는 실무자가 있다. 이 경우 부작용이 따른다. 이때 상사는 사고에 대한 책임까지 떠맡게 된다. 책임자의 역할을 빼앗긴 죄로 상사가 자기 자리까지 내놓아야 하는 위기에 처한다. 입금된 만큼만 일하라는 선배들의 조언은 정설이다.

임원의 역할과 책임은 무엇일까. 판단하고 결정하는 것이다. 식사 메뉴, 워크샵 장소는 누구든지 결정할 수 있다.

임원이 나서는 건 무의미하다. 임원은 혼란스러운 상황을 대비해 존재한다. 복잡한 사안을 판단하는 자리이자 그 결과에 책임지는 자리다.

혼란 중에 옳은 판단을 하기 위해서 필요한 것은 첫째, '망원경 시야'다. 미래 사업을 주도하는 망원경 유형 인재가 요즘은 각광 받는다. 4차 산업혁명을 필두로 사회 곳곳에 변화가 감지되고 있다. 혼란스러운 이 때 망원경 시야로 저 멀리 내다볼 수 있는 눈을 가진 임원이 필요하다. 임원의 판단과 결정에 따라 1만 명이 채용될 수도 있고 1만 명이 책상을 잃을 수 있다. 실적과 성과는 '여러분 것'이고 실패는 '내 것'인 자리가 바로 임원이다.

둘째, 의외의 선택지를 보는 촉이 필요하다. 그럴듯해 보이는 것, 과거의 관습만을 취하면 실패하는 시대다. 눈에 보이지 않는 의외의 인과관계를 보는 것이 진짜 능력이다. 아프리카 케냐 학교는 출석률이 낮다. 출석률을 높이는 방법을 고안해 당장 실행해야 한다면, 어떤 선택지를 들어야 할까? 누구나 장학금을 제공하는 것, 현금을 주는 것, 교복을 주는 것을 떠올린다. 가장 탁월한 선택은 기생충에서 구제해주는 것이었다. 똑같이 1,000달러를 사용했을 때, 장학금을 주는 것은 3년, 현금 지급은 0.2년, 교복 지원은 7년 출석률을 높이는 효과가 있었다. 기생충에서 구제하면 139년 출석률이 향상되는 결과가 나올 텐데 말이다(윌리엄 맥어스킬, 『냉정한 이타주의자』, 2017). 다수가 A를 말해도 A 뒤에 숨은 의외의 것을 보는 눈이 옳은 선택을 만든다.

실무왕은 일의 진짜 의미를 안다

직원은 역할과 책임은 무엇일까. 리더를 꿈꾼다면 실무에 능해야 한다. 앉은 자리에서 유능함을 증명해야 피라미드 사다리를 타고 오를 기회가 주어진다. 리더를 꿈꾸는 직원의 첫 번째 R&R은 일의 진짜 의미를 아는 거다. 간단한 일을 할 때도 그 일의 의미를 알고 하는 사람과 일의 의미를 모른 채 끝내기에만 급급한 사람은 결과가 다르다. 무채색인 일에 색을 부여하는 능력이 필요하다.

　고객을 위한 시스템 활용 매뉴얼을 제작하라는 지시를 받았다면 어떻게 해야 할까. 실무왕 김대리는 매뉴얼 제작의 의미부터 생각한다. 새로 오픈한 시스템을 쉽게 활용하는 방법과 활용했을 때의 이점을 안내하는 것이다. 김대리는 매뉴얼 제작이 빨간 궁서체쯤 된다고 생각했다. 중요하고 진지하게 접근해야 하는 일 말이다. 먼저 매뉴얼의 중요도를 생각했다. 매뉴얼이 알기 쉽게 작성되어야 나중에 사무실 내선 전화가 울리는 횟수도 줄어든다. 고객이 시스템을 자유자재로 활용하면 필요한 직원의 손길도 적어진다. 인건비, 부가적인 비용이 줄어드니 회사의 순이익과도 직결된다. 두 번째로 매뉴얼을 활용할 고객의 입장을 생각했다. 대다수의 사람들은 시스템에 대한 거부감, 심리 장벽이 높다. 새로운 시스템을 활용하는 일은 복잡하고 어렵다고 생각한다. 김대리는 '다음을 클릭하세요'와 같은 딱딱한 문어체 대신 시스템 요정이 나타나 1:1로 과외하는 웹툰을 기획했다. 시스템 요정은 남녀노소 불문하고 최고 인기를 끌고 있는 EBS 연습생, '펭수'로 정했다. 김대리의 명석한 두뇌로 스토리보드를 짰다. 옆 팀의 파워블로거, 혜수씨에게 콘텐츠의 내용 점검을 부탁했다. 디자인 업체와의 미팅을 대비해 중요한 내용에 색다른 폰트와 색깔을 적용했다. 기나긴 내용 중에서 중요한 부분, 강조점을 아는 사람은 김대리다. 매뉴얼 제작에 공들이는 김대리 뒤를 지나가던 정과장, 잔소리를 툭 던진다. "뭘 그렇게까지 공을 들여? 그냥 내용만 쫙 줄글로 적어서 업체에 넘겨. 업체가 알아서 색깔 입히고 디자인하고 대신 고민해준다니까. 업체는 그러면서 돈 버는 거야." 정과장이 이 일의 담당자가 됐다면 결과는 어떻게 됐을까. '1. 시스템 소개, 2. 시스템 개요, 3. 시스템 활용법, 다음에 접속하여 메뉴를 클릭하시오.' 논문 한 편

탄생시켰을 거다.

일의 의미를 알고 하면 창의적인 성과물이 탄생한다. 일의 의미를 모르고 하면 그냥 '숙제'를 뚝딱 해치운 것과 같다. 거지 같은 결과물이지만 어쨌든 완성한 것만으로 뿌듯한 겨울방학 숙제 말이다. 억지로 쓴 석 줄의 일기를 훗날 내 성과로 내세울 수 있는 사람이 몇이나 될까. 냄비 받침대로 쓰여도 할 말이 없다.

실무왕은 일을 쪼갠다, 작게 더 작게

리더를 꿈꾸는 직원의 R&R 두 번째는 일 쪼개기다. 성과를 내는 직원들은 일을 덩어리로 보지 않는다. 세분화, 즉 캐스케이딩Cascading 을 한다. 이들은 최종 목표를 째려보면서 일을 여럿으로 쪼갠다. 쪼갠 일을 중간 목표로 설정했다면, 또 다시 작게 쪼개서 과업 단위로 나눈다. 이를 캐스케이딩이라 부른다. '어떻게 그 큰 프로젝트를 해냈나요?'와 같은 물음에 거장들은 흔히 목표를 생각하고 우직하게 진행했다고 대답한다. 교과서에나 실릴 법한 대답이다. 성공한 사람 대다수는 진짜 성공한 이유를 말해주지 않는다.

성공한 사람의 이면에는 일을 잘게 쪼개서 손쉬운 과

업으로 바꾸는 작업이 있었다. 누구라도 'NPS(Net Promoter Score, 순 고객 추천지수) 20점 향상'과 같이 커다란 목표를 눈앞에 먼저 제시하면 의욕만 상실한다. 이 때 먼저 할 일은 이렇다. 추천 고객 비율을 높일 수 있는 모든 방법을 브레인스토밍한다. 나온 의견을 포스트잇에 적어 항목별로 그룹핑한다. 쉽게 말해 4P Product, Price, Place, Promotion 로 묶는다. 상품 Product 과 유통 Place 은 우리 팀에서 당장 바꿀 수 없는 문제다. 팀에서 손댈 수 있는 것은 가격 Price 과 판매촉진 행사 Promotion 다. 가격을 손대는 것과 프로모션하는 것 중 시급하고 중요한 일을 중간 목표로 설정한다. 중간목표가 정해졌다면 목표를 달성하기 위해 해야 할 일을 쪼개고 또 쪼갠다. 올해, 반기, 분기, 이번 달 안, 더 나아가 이번 주에 해야 할 일 목록을 정리한다. 그러면 지금 당장 해야 할 과업이 드러난다. 작은 일부터 수행하며 진척 상황과 방향성을 꾸준히 점검하면 어느 샌가 큰 목표에 도달해 있다.

조직에서 조상무는 과업지향적 인물의 표본이다. 조상무에 대한 평판을 묻는 질문에 모두가 "과업지향적이야. 일 참 잘하는 사람이지"라고 답한다. 그런 조상무가 신입사원 교육에서 늘 강조하는 것이 'Z to A'다. 성과를 확실하게 내기 위해서는 A to Z를 계획하지 말고 Z to A로 계획하라고 힘주어 말한다. 일이 완성되었을 때의 최종 모습, 즉 'End image'를 먼저 명확히 하라는 것이다. 'End image'를 놓고 거꾸로 거슬러오면서 해야 할 일들을 설정하는 것이다. 앞서 말한 캐스케이딩과도 유사한 의미다. 더 중요한 것은 미리 완성하기다. 모든 일을 정해진 마감 시한보다 미리 끝낸다. 그래야 문제가 생겼을 때 대응할 시간을 확보할 수 있다. 마감 시한, 즉 데드라인을 지키는 것은 사람에 대한 신뢰도를 결정하는 기본 중의 기본이다. 이게 웬 교과서적 이야기냐고, 누구나 아는 상식이라 답하는 사람들에게 임원들은 말한다. 정작 알고도 실천하는 사람은 없다고. 실천하는 소수만이 리더의 자격을 얻는다고.

7

CEO가 아닌 CDO를 꿈꾸어라

오랜 역사를 자랑하는 컨설팅사 인적자원실에는 두 명의 임원이 있다. 이상무와 백상무다. 같은 하늘에 두 개의 태양은 존재할 수 없었다고 했던가? 이 옛말을 증명하듯 이상무와 백상무는 언제나 서로를 향해 정찰용 더듬이를 가동한 채 잔뜩 날이 서 있다.

이상무는 백상무의 행보마다 입으로 악플을 단다. "백상무 그사람, 경영학, 교육학, 심리학 전공자도 아니고, MBA도 안 나온 사람이 이 분야에 대해 뭘 안다고 그래? 경영학적 베이스도 없으면서 말이야." 이상무는 교육학사에 국내 최고 대학의 MBA를 거친 사람이다. 지금도 어디선가 좋다는 최고경영자 과정이 있다면 모조리 문을 두드리며 학습에 대한 목마름을 채운다. 이상무는 인적자원 분야와 관련된 여덟 줄의 이력서 속 커리어가 자랑스럽다. 백상무 앞에만 서면 어깨가 한껏 올라간다.

그렇다. 백상무는 경영학, 교육학, 심리학, MBA의 문턱을 밟아본 적이 없다. 쭉 컴퓨터공학만 했다. 세간의 평가를 빌리자면, 백상무는 시대를 잘 타고난 사람이다. 10년 전이라면 이상무처럼 그 분야의 학문적 기초가 있으며, 줄곧 그 일만을 고수해온 사람이 인정받았을 테니까. 그 뒤 모두의 예상대로 같은 하늘 아래 하나의 태양은 지고 하나의 태양만이 자리를 지켰다. 저무는 태양을 뒤로 하고 마지막에 남은 태양, 최후의 승자는 과연 누구였을까? 바로 백상무였다.

백상무가 자리를 보존하며 롱런하는 데는 다 이유가 있다. 백상무는 이론만 고집하지 않고 외부인의 관점에서 현안에 접근한다. 그가 가는 길마다 영역의 틀이 깨진다. 교육 컨설팅을 수행할 때는 컴퓨터와 교육을 합친 새로운 러닝시스템으로 특허도 받았다. 무수히 많은 컨설팅사로부터 제안을 받는 고객사는 백상무 회사의 제안을 보면 신이 난다. 늘 새로운 것에 목마른 고객사의 갈증을 시원하게 달래준다. 백상무가 이끄는 팀에는 뭔가 특별한 것이 있다.

애빌린 패러독스에 빠졌다고요?

'바꿔, 바꿔, 모든 걸 다 바꿔~' 20세기를 강타한 노래다. 못 바꾸는 정치인들도 이 노래를 좋아한다. 새롭게 바꾸는 게 좋다는 건 다 안다. 교육도, 부동산 정책도, 조직문화도, 하다못해 습관 하나까지 바꿔야 할 것투성이다. 바꿔주는 사업은 연초에 문전성시를 이룬다. 체형 바꿔주는 피트니스 센터, 토익 성적 바꿔주는 영어학원, 조직문화 바꾸려는 조직문화팀(혹은 인사팀)이 그렇다. 회사는 늘 말한다. 신입사원은 학생티를 벗고 직장인 모드로 바꾸라고. 경력사원은 어서 우리 문화에 흡수되라고. 임원은 기존의 관습과 제도를 바꾸라고. 직원에게는 일하는 방식을 바꾸라고 말한다. 그런데 조직이 쉽게 바뀌지 않는 이유는 무엇일까? 왜 변화가 필요하다는 것을 알면서도 종종 잘못된 선택을 하게 될까.

애빌린 패러독스Abiline Paradox에서 단서를 찾아보자. 조지워싱턴 대학교 제리 B. 하비Jerry B. Harvey 교수는 조직에서 의사결정을 할 때 구성원들이 의사를 명확히 표현하지 않기 때문에 잘못된 길을 간다고 말한다. 왜인지 우리들은 수업시간에 "화장실 다녀 올게요"를 외치지 못하는 학생 때의 습관을 버리지 못한다. 조직에서 당당하게 손을 들고 의견을 제시했다가 불이익이 돌아올 것을 걱정한다. 그래서 파괴자가 되지 못한 채, 할 수 없이 기존의 것을 따라가게 된다.

하비 교수는 현상을 설명하는 기막힌 사례를 제시한다.

텍사스 주에 있는 처갓집에 방문했다. 무더운 날씨에 선풍기 앞에서 가족들이 게임을 하고 있다. 갑자기 장인어른이 제안한다. "우리 애빌린에 가서 저녁 식사나 할까?" 애빌린은 무려 53마일(우리나라로 치면 85km)이나 떨어진 곳이다. 아내는 "그거 괜찮은 생각인데요?" 하고 동의한다. 나는 애빌린까지 운전하려면 오래 걸릴뿐더러 날씨도 더워서 걱정이 됐다. 하지만 장인어른과 장모님, 아내가 가고 싶어 하니 반대할 수가 없다. "오, 그거 괜찮은 생각인데요?" 장모님도 덩달아 예스를 외친다. "좋아, 좋아, 나도 애빌린에 가본 지 꽤 오래됐단다."

역시나 애빌린으로 향하는 차 안은 너무도 더웠다. 오랜 시간을 무더위 그리고 먼지에 시달렸다. 설상가상으로 애빌린에 도착해서 마주한 음식은 정말이지 최악이었다. 우리는 몸과 마음이 지친 상태로 4시간 뒤 집에 돌아왔다.

아내는 이내 거짓말을 했다. "아주 즐거운 시간이었어요.

그렇죠?" 장모님은 말한다. "난 사실은 집에 있고 싶었는데……. 모두가 애빌린에 가자고 하는 바람에 어쩔 수 없이 따라 간 거야." 나도 사실을 말했다. "저도 그렇게 가고 싶지는 않았어요. 모두 가기를 원하는 것 같아서 원하는 대로 따랐을 뿐이에요." 그러자 그 이야기를 듣던 장인이 말했다. "난 단지 당신들이 지루해하는 것 같아서……. 그냥 제안해본 것뿐이야."

가족들은 당황했다. 모두가 원하지 않으면서 애빌린에 가는 것에 찬성했다. 어느 누구도 장인어른의 제안에 거절하지 못한 채 끌려갔다. 소중한 주말 오후 시간을 원치도 않는 애빌린에 가는 데 날려버린 것이다.

조직을 둘러보자. 지금 가고 있는 사업의 방향, 지금의 제도에 동의하는가. 쏟아져 나오는 제안에 반대하지 못하고 현상을 파괴하지 못한 채 끌려가고 있는 것은 아닌지 자문할 때다. 구성원으로서 의사결정에 참여할 때 진지한 얼굴로 물어야 한다. "우리도 혹시……. 이러다 애빌린에 가게 되는 건 아닐까?" 지금 나서지 않으면 '모두 35도 땡볕에 뚜껑 열린 스포츠카를 타고' 애빌린에 가게 될지 모른다.

최고 파괴자 CDO가 돼라

소위 C Chief 레벨에는 시대상이 반영된 신종 직책들이 쏙쏙 등장한다. CEO(최고경영자), CFO(최고재무책임자), COO(최고운영책임자), CIO(최고정보책임자), CSO(최고보안책임자) 등이다. 모두 C레벨에게 요구되는 역할에 따라 붙은 이름이다.

경영학의 구루, 톰 피터스Tom Peters는 CEO를 대체할 개념으로 CDO Chief Destruction Officer, 최고 파괴자를 제시했다. 리더는 관리하는 사람이 아니라 기존에 있던 것을 파괴하는 사람이다. 혁신은 개선하는 것이 아니다. 파괴다. 눈에 보이지 않는 것들을 조금씩 개선하는 것만으로는 빠른 변화 흐름에 대처할 수 없다. 급진적인 자세로 파괴해야 성공할 수 있다고 강조한다. 가뜩이나 근무시간도 짧아지고 있다. 짧은 시간에 성과를 내려면 깨야 한다.

우리는 지식을 생산하는 데에만 시간을 쏟는다. '파괴'라는 단어에 거부감이 든다면 바꿔 쓰면 된다. '창조적 혁신'으로 말이다. 창조적 혁신은 모든 분야에서 가능하다. 기업이라면 새로운 상품을 만들고, 새로운 시장을 개척하며, 새로운 산업구조를 만들고, 제품과 서비스를 결합하는 것, 그리고 기존에 있는 기술을 새로운 환경에 적용하는 것이 창

조적 혁신이다. 그런데 리더를 꿈꾸는 개인 차원의 창조적
혁신은 무엇일까?

당연한 것부터 깹시다

임원을 꿈꾸는 개인이 할 수 있는 창조적 혁신은 크게 세 가
지다. 창조는 당연하게 여겨지는 것을 당연하게 생각하지
않는 것에서 시작된다.

첫째, 당연하게 여겨졌던 집단의 루틴을 깬다. 일하는
방식과 악습을 깨보자. 현대인은 시간이 없다. 일과 삶의 균
형도 이루어야 하고, 육아도 건강도 취미도 개인의 성장까
지 어느 것 하나 놓을 수 없다. 제한된 시간의 효율을 극대
화하려면 당연하게 여겨졌던 일하는 방식을 깨야 한다. 길
어지는 회의는 모래시계와 함께, 기나긴 PPT 장표는 1장 보
고로, 회의를 위한 서울 본사와 지방 사업장 간의 출장은 영
상회의로. 제안해서 손해 볼 일은 아니다. 악습도 깨야 한다.
수평적 조직문화를 외치면서 왜 탕비실 정리는 막내가 해야
하는지, 가장 많이 먹는 과장님이 채워 놓으면 안 된다는 규
정이 있는지 살펴 볼 일이다. 왜 출근시간 안 지키면 욕하면
서 퇴근시간은 지키면 욕을 먹는지. 왜 신입사원은 아이돌

처럼 장기자랑을 해야 하는지. 당연히 여겨졌던 조직 내 악습에 의문을 제기하는 게 첫 번째다.

둘째, 고유 영역을 깬다. 약 7년 전, 골드만삭스는 8대 창조적 파괴 분야를 선정했다. 암 면역약, 빅데이터, 대재해 채권(캣본드), 소프트웨어정의망SDN, 발광다이오드LED, 전자담배, 3D프린팅, 천연가스엔진CNG, LNG이다. 과거에는 창조적 파괴라고 일컬어졌던 것들이 이제는 당연한 것이 됐다. 고유의 영역을 깬 결과다. 원래 있던 기술을 새로운 환경에 적용하는 것, 영역 간의 융합이 창조적 파괴를 만들었다. 'Something New' 찾기에 혈안이 된 윗사람을 만족시켜야 한다면, 새로운 무언가를 만들어야 하는 자리라면 주저 없이 밖으로 나가자. 눈에 보이는 모든 영역을 내 직무, 내 환경과 연결하면 창조적 파괴와 가까워질 수 있다. 주위에 널린 부동산이 내 손안의 폰으로 들어와 최고의 앱이 됐다. 집순이 집돌이들도 배우고 싶다는 배움을 향한 욕구가 시스템을 만나서 MOOC가 됐다. 과거처럼 네 영역, 내 영역을 따지며 구분하는 사람은 이제 전문가가 아니다. 영역의 울타리에 갇힌 바보다.

셋째, 당연하게 행해왔던 습관을 깬다. 습관을 깨기 위해 두 가지를 작성한다. 'Do not list'와 실수노트다. 공사다망한 현대인은 시간이 없다고 호소한다. 시간이 없는 이유는 하지 않아도 될 일을 하기 때문이다. 하지 않아도 될 일을 하니까 해야 할 일을 처리할 시간이 없다. 이른 아침, 사무실에 앉아 'To do list'를 작성하면서 'Do not list'도 함께 작성하면 도움이 된다. 친목 도모를 위한 메신저, 사려고 들어가지 않고 그냥 뭐가 사고 싶은지 궁금해서 들어가는 쇼핑몰처럼 시간 잡아먹는 일을 나열한다. 거절하지 못한 채 무조건 일 받아오는 행위나 입술 뜯는 고질적인 습관을 써도 좋다. 다이어리 한편에는 실수코너를 만든다. 크고 작은 실수들을 데이터로 만드는 작업이다. 이렇게 만든 실수노트는 중요한 일을 할 때 디테일을 챙기게 도와주는 든든한 자산이다.

피터 드러커는 말했다. '혁신은 폐기로부터 출발한다'고. 지금 필요한 건 폐기와 패기다. 버릴 것은 버리는 폐기와 '이런 건 바꾸면 안 되나요?'라고 손드는 패기가 있다면, 그 사람은 최고파괴자가 될 재목이다.

III

임원도 말이 두렵다. 직위가 올라갈수록, 말 한 마디가
그간 공들여 쌓아온 직위, 명예, 성과를 한방에 날려버릴
수 있다는 불안감까지 가중된다. 완벽해 보이는 임원조차
'아직도 발표가 두려우신가요?'라는 광고를 몰래몰래
클릭한다.

임원의 자격 2

관계를 관리하라

1

존재감을 나타내야 기회를 잡는다

4주간의 신입사원 입문교육, 101호 룸메이트인 민기와 영민. 영민은 1년의 재직 경험이 있는 중고 신입사원이다. 민기는 스트레이트로 대학을 졸업하고 사회에 첫발을 디뎠다. 민기는 요즘 같은 불경기에 경제활동인구가 될 수 있음에 감사할 따름이다. 밤마다 어떻게 하면 나를 드러낼까 고민한다. 내가 잘하는 것을 알리는 방법을 고심한다. 영민은 1년간의 직장생활을 통해 이치를 깨우쳤다고 말하면서 민기를 향해 시원하게 찬물을 끼얹는다.

"네가 전기 전공이라는 것을 말하고 다니지 마. 사무실 형광등 갈면서 속만 상할 거야. 네가 영어권 국가로 교환학생 갔던 걸 알리지 마. 외국인 손님 올 때 통역하라고 부를 거야. 회사에서는 괜히 아는 척하지 않는 게 좋아. 어설프게 했다가는 망신만 당해. 선배들이 그러는데 묵묵히 투명인간처럼 네 할 일만 하는 게 오래가는 법이래. 회사에서는 우리 능력의 딱 80%만 발휘하자."

임원 입장에서 이들에게 어떤 조언을 할까?

존재감, 그 끝없는 고민에 대하여

직장인의 끝없는 고민 중 하나는 존재감에 대한 문제다. 존재감을 드러내면 모난 돌이 되어 정 맞을까 걱정하고 존재감이 없으면 없는 게 고민이다.

직장인 대다수는 존재감 없는 투명인간을 지향한다. 회사에서 자아실현을 기대하는 것 부질없는 짓이다. 회사는 그냥 생계유지를 위한 수단일 뿐, 재미와 의미는 회사 밖 사이드 프로젝트를 통해 찾으려 한다. 너도나도 마라톤 하는 직장인, 유튜버 직장인을 꿈꾼다. 직장인 그 이상의 수식어는 회사 밖에서 찾는다.

스태프 부서 업무는 눈에 보이는 성과를 자랑하기 힘든 구조다. 불합격자에게 합격 문자를 보내거나, 예산을 집행하면서 0 하나를 더 붙이지 않는 한 그저 조용히 잘 굴러갈 뿐 겉으로 드러나는 일이 드물다. 그런데 이런 곳에서는 한 가지에 뛰어난 역량을 보이면 그 길로 그 한 가지가 내 업무가 된다. 가령 사내 행사 사회를 잘 보면 온갖 회식 자리에서도 유재석급 사회자가 되어야만 한다. 같은 월급을 받으면서 부담만 가중된다. 선배들이 회사에서는 80%만 보여주라 속삭이는 것도 그런 이유다. 최대한 없는 듯, 묵묵히, 튀지 않고 'One of Them'으로 오래 남는 자가 슬기로운 직장인의 표본이라 믿는다. 오늘도 수많은 김대리, 김과장들은 파티션 밑으로 고개를 숙인다. 존재를 감추기 위해 모니터 받침대 밑에 두꺼운 전공책 한 권을 끼워 넣고, 올라온 모니터 밑으로 자신의 얼굴을 감춘다.

임원들은 말한다. 존재감을 드러냈기에 기회가 왔노라고. 그저 투명인간처럼 출퇴근만 반복하는 이들에게 조직에서 나의 캐릭터를 만들어야 한다고 조언한다. 지금의 임원들에게는 각자 저마다의 수식어가 있었다. 그들의 진짜 커리어는 '말 잘하는 김과장', '장표의 달인 이부장', '건배사 제조기 박팀장'으로 조직 내에 포지셔닝 되면서 시작됐다. 긍정이든 부정이든 수식어가 있다는 것 자체만으로도 만인이 존재감을 인정한다는 의미다.

존재감 뿜는 두 가지 방법

존재감을 뿜는 데는 두 가지 방법이 있다.

첫째, 알릴 기회가 왔을 때 악착같이 알린다. 모 계열사의 수도권 지역 혁신을 담당하는 김과장은 야망남이다. 주위 동료들은 김과장을 보며 혀를 찬다. 그렇게 하면 월급이 더 나오느냐고. 김과장이 소속된 본부에서 그간의 성과를 정리해 공유하는 성과 발표회를 개최하기 전, 김과장은 출장 중에 불현듯 팀장에게 전화를 걸었다.

"팀장님, 저희 성과 발표회 판을 키우면 어떨까요? 저희 본부끼리만 하지 말고 전국적으로 다 같이요. 우리가 힘들게 낸 성과인데 드러내면 안 되나요? 다른 본부 사람들 사례도 듣고요. 하는 김에 동종업계 사람들도 불러서 교류하는 장도 만들면 어떨까요. 건설적인 자리가 될 것 같아요. 허락만 해주시면 제가 준비해볼게요."

전화를 끊고 팀장은 주위 사람들에게 말한다. "어휴, 우리 김과장은 없던 일을 또 이렇게 만드네." 그런데 마음의 소리는 어떨까. 팀장은 담당 임원에게 건설적인 제안을 할 수 있게 도와주는 김과장이 내심 고맙다. 김과장의 제안대로 성과 발표회는 전국 곳곳에 퍼져 있는 여러 본부 사람들, 동종업계 사람들까지 모여들어 성대한 컨퍼런스가 됐다.

3년 후, 김과장은 차장으로 승진해 최연소 팀장 자리를 거머쥐었다. 팀장이 된 그는 신입사원들에게 늘 강조한다. 알릴 것이 있으면 악착같이 알려야 한다고. 내 자리를 스스로 만드는 것이 직장인의 능력이라고. 상사의 머릿속에 미리 존재감을 심어두어야 중요한 일이 다가올 때 내 이름을 떠올리게 된다고 말이다. 이름만으로도 "아~ 혁신팀 그 사람"이라는 반응을 끌어내는 것은 알릴 기회가 왔을 때 온몸으로 알린 결과다. 사내 프레젠테이션, 다수에게 보내는 이메일, 회식 건배사 어느 것 하나 허투루 하지 않았던 결과다.

둘째, 한 가지 분야에서 가장 박식한 사람이 되는 것이다. 일명, 내용전문가SME, Subject Matter Expert 되기다. 방법은 간단하다. SNS는 인생의 낭비라고 하지만, 개인이 전문성을 드러내는 데 이만한 것이 없다. SNS에 하나의 주제만을 꾸준히 담는 것이 비결이다. 특정 키워드를 떠올릴 때 자신의 이름이 연관검색어처럼 떠오르게 포지셔닝하는 것이다. 분야는 다양하다. 맡은 업무일 수도 있고, 특정 이론의 신봉가가 될 수도 있으며, 취미생활도 좋다. 교육 담당자들은 잘 알지 못하는 분야의 교육과정을 개발할 때 내용전문가를 섭외한다. 교육 내용을 선정하고 구체화할 때 그 내용을 가장 잘 아는 내용전문가의 도움은 필수적이다.

아이돌에 있어서 둘째라면 서러운 홍보팀 황대리. 황대

리의 SNS는 특정 아이돌의 동향과 팬덤의 일상으로 가득하다. 바쁜 황대리가 휴가 내는 이유는 하나다. 그 아이돌이 해외 공연을 떠나는 때다. 웬만한 아시아권 공연은 출석도장 찍는 프로 참석러로 알려져 있다. 대학원에서 배운 연구 방법론을 적용해 팬덤 분석 연구를 수행하기도 했다. 연구를 해도 하필 팬덤을 연구하냐는 지도교수의 핀잔도 있었다. 연구 결과를 학술지에 게재하고 SNS에 공개했을 때, 팬덤도 양적으로 분석할 수 있는 그 분야 내용전문가라면서 수많은 '좋아요'를 받았다. 황대리의 SNS에는 그녀만의 아이덴티티가 드러난다. 홍보 담당자로서의 전문성과 아이돌 팬덤이라는 개인적 관심사가 합쳐져 독자적인 전문성을 만들었다. SNS를 가득 채운 피드만 보아도 알 수 있다. 지금 홍보팀 황대리는 자신만의 아이덴티티에 충실한 삶을 산다. 그녀의 SNS를 눈여겨보던 유명 잡지사의 권유를 받아 에디터로서 2막을 열었다. 좋아하는 연예계를 실컷 취재하며 덕질과 생업을 일치시켰다. 이른바 '덕업일치'다.

"당신을 여덟 단어 이하로 묘사할 수 없다면 아직 당신의 자리를 갖지 못한 것이다." 마케팅의 구루, 세스 고딘의 말이다. 존재감을 드러내기에 이번 생은 글렀다며 다음 생을 기약하지 말자. 존재감을 나타내야 기회를 잡는다. 파티션 위로 고개를 들고 지금부터 시작이다.

2

약한 연결, 임원 승진을 위한 넓고 얕은 인맥의 힘

임원들과 마주하는 준비를 하면서 가장 바쁜 시기는 월초다. 임원들의 연락이 빗발치면 알게 된다. 이제 만남이 일주일 앞으로 다가왔다는 것을. 교육에 참여하지 못하는 갖가지 사유를 전달하기도 하고 요구사항을 슬쩍 이야기하기도 한다. 임원들의 요구사항 중 8할은 다름 아닌 사람이다. 나는 매달 임원들이 서로 네트워킹하라는 의미로 교육 때마다 좌석을 달리 배정해주고 있었다. 빗발치는 연락을 받으며 비로소 깨달았다. 담당자는 1시간 안에 뚝딱 끝내는 좌석 배치가 그들에게는 자리 그 이상의 의미라는 것을 말이다. 엑셀 시트 한 장, 배치도 한 장에 그들의 역학 관계가 들어 있었다. 진짜 중요한 가치는 눈으로 볼 수 없다. 그날 만든 인맥 한 줄기가 업무의 향방, 나아가 임원으로서의 성패를 결정하는 열쇠가 된다. 콘텐츠의 질 만큼이나 교육 만족도를 결정하는 중요한 요인으로 작용한다.

"이번 달은 A사의 경영전략실장과 동석하게 해주세요", "이번 달에 B사의 재무실장, 운영팀장과 긴히 할 말이 있습니다. 좌우 옆자리로 좀 부탁드립니다", "이번에 H사 신임 임원도 오시나요? 곧 착수할 프로젝트 관련해서 알아봤는데 그분이 경험이 많다고 들었어요. 물어볼 게 많아서요. 나란히 배정 좀 부탁드립니다", "금융계열사 모상무와는 절대 동석하지 않게 해주세요".

임원들이 쏟아내는 요청 중 일부다. 임원들 사이에 얽힌 거미줄을 파악하는 데는 그리 오래 걸리지 않았다. 그들을 이해하고 난 후에는 좌석배치에 두 배 이상의 시간을 쏟았다. 새로 입사한 경력 임원, 갓 조직의 별을 단 신임 임원들에게는 고위 임원의 얼굴, 동향을 파악할 수 있으면서도 사회적 거리를 유지하는 '고급 명당'을 선물했다. 각종 기사, 계열사 동향, 그룹 내 주력 사업을 파악하여 그룹을 만들어드렸다. 얼마 안 되는 여성 임원 교류 테이블을 만들어보기도 했다.

임원들이 이토록 자리에 신경 쓰는 것은 교육이 단지

교육으로만 그치지 않는다는 방증이다. 교육받는 시간도 제각기 필요에 의해 안면을 트고 인맥을 형성하는 자리로 활용한다. 어느 것 하나 전략적이지 않은 것이 없다.

승승장구하던 유상무가 탈락derailment 한 이유

공식적인 학위는 없어도 '전략'을 논하기에 둘째라면 서러운 유상무. 그룹 공채로 발을 들여 줄곧 한 우물을 팠다. 전문가와 사업가, 두 개의 커리어 트랙 중 한쪽으로 무게 중심을 바꿔도 결코 흔들리지 않을 전문성과 사업적 안목을 두루 갖췄다. 하지만 두 차례나 발탁 승진하는 영광을 누리며 승승장구하던 유상무도 별을 단 지 2년 만에 집으로 가야만 했다. 폭주 기관차처럼 빠르게 달리던 유상무의 커리어에 제동을 건 것은 무엇일까? 역시나 사람이었다.

유상무는 주위에 적이 많았다. 내 사람과 아닌 사람의 구분이 심했다. 계열사에서 자신과 같이 실장 자리를 보존하는 임원은 적이자 경쟁상대로 여겼다. 타 임원의 동향을 파악하는 데 시간을 할애했다. 자연히 타 임원의 밑에서 소위 라인을 타는 직원들을 냉소적으로 바라보며 미워했다. 그의 인력 편향 탓에 같은 성씨가 아니면 배척한다는 우스갯소리도 돌았다. 업무적으로 중요한 역할을 할 수 있는 인재는 소외됐다. 유상무의 커리어가 주작대로를 달리기엔 유상무가 스스로 적으로 정의한 사람들의 공격이 많았다. 지나치게 시야가 내부를 향한 점도 문제였다. 집으로 간 유상무를 보며 사람들은 말했다. 조직에서 내 사람, 네 사람을 골라낼 그 에너지를 바깥 경쟁사로 쏟지 그랬냐고 말이다.

리더십 탈락Leadership derailment 이라는 단어가 있다. 리더십 하락도 아니요, 리더십 추락도 아니다. 영어로 기차가 선로에서 탈선함을 뜻하는 'derailment'다. 이처럼 생생한 묘사가 또 있을까. KTX처럼 빠르게 목표를 향해 돌진하는 리더는 선로 위 작은 흠, 장애물 하나로도 경로를 이탈한다. 목표 달성을 위해 빠르게 돌진했기에 튕겨 나가는 속도도 빠르다. '가늘고 길게!'를 외치는 '월급 루팡'이었다면 발밑에 놓인 작은 돌멩이를 치우고 지나갔을지도 모른다.

미국의 리더십 교육기관 CCL은 임원들의 성공과 실패에 대해 연구했다. 임원들은 공통적으로 지적 능력, 포부, 역량을 지녔다. 반면 성공한 리더와 탈락한 리더는 대인관계에서 차이가 있었다. 탈락한 리더는 대인관계가 미숙하며, 편향적으로 인력을 활용한다. 달리는 임원을 탈선하게 하는 작은 돌멩이는 바로 사람이다. 더 정확히 말하면 사람과의 '관계'다.

약한 연결의 힘을 아시나요?

> ## 인맥[人脈]
> 정계, 재계, 학계 따위에서 형성된 사람들과의 유대 관계

인맥의 사전적 정의다. 많은 사람들은 생각한다. 공통된 장소에서 긴밀하게 연결된 사이여야 인맥이 될 수 있다고 말이다. 많은 시간을 함께하고 서로에 대해 깊이 있게 알아야만 인맥의 범주에 든다고 생각한다. 그 깊이를 위해 많은 시간을 할애한다. 오해다. 오히려 사회에서는 다양한 집단과의 '약한 연결Weak ties'이 더 강력한 힘을 발휘한다.

강한 유대감을 갖는, 소위 우리가 생각하는 그 인맥은 동종집단에 속한 경우가 많다. 같은 학교, 같은 전공, 같은 회사, 같은 팀에서 오랜 시간 서로의 정보를 공유한 사이다. 강하게 연결된 사이일수록 서로의 접점은 크고 공통의 관심사를 갖는다. 행동반경과 앞으로의 방향성도 비슷하다. 강하게 연결된 이들은 '정보의 다양성'을 간과한다.

하버드 경영대학원 교수이자, 임원 리더십 전문가 린다 힐Linda A. Hill 은 말한다. 인맥 네트워크는 강한 연결을 중심에 두고 수많은 약한 연결들로 둘러싸는 형태여야 한다고. 습

관적으로 만나는 공통분모를 가진 강한 연결에만 집착하지 말라고 강조한다. 미래에는 새로운 것을 섞을 수 있는 융합 역량이 필수적이다. 다양한 조직에서, 다른 상황에 놓인, 나와 다른 일을 하는 사람들과 교류해야 한다. 그들과의 약한 연결을 통해 새로운 정보와 자원을 얻는 것, 타업종을 이해하는 것, 다른 생각을 공유하는 것이 곧 핵심 역량이다. 약한 연결로 맺어진 사람들은 다른 지식과 정보를 이어주는 중개자다.

우리가 일하는 회사에서도 마찬가지다. 우리 파트, 우리 팀, 나와 같은 직무를 수행하는 사람들과 좋은 관계를 유지하기에만 바쁜 것은 아닌지 점검해보아야 한다. 다른 팀, 다른 업무를 수행하는 사람들과 선을 없애는 것이 곧 새로운 정보의 원천이다.

스튜어트 다이아몬드Stuart Diamond 와튼스쿨 교수는 회사 생활에 도움을 받을 수 있는 사람들에게 먼저 다가가라고 조언한다. 약한 연결의 힘을 보여줄 상대들이다. 잠시 지면을 빌려 소개한다. 먼저 장기 근속자다. 간혹 임원이 아닌 장기 근속자들을 무시하는 조직도 있다. 장기 근속자는 회사의 역사와 흐름을 누구보다 잘 안다. 둘째, 퇴사자다. 퇴사자는 회사에서 여러 상황을 겪은 경험자다. 회사에서의 최악이 무엇인지 알고 회사가 할 수 없는 것이 무엇인지도 안다. 셋째, 정보기술 전문가다(한국 조직에서는 개발자, 시스템 담당자에 해당한다). 이들은 업무 처리나 사용하는 컴퓨터, 기기 등에 문제가 생겼을 때 도움을 줄 수 있는 사람들이다. 넷째, 청소 담당자와 건물 보안 담당자. 이들에게는 매일 인사하며 소소한 이야기를 건네라고 추천한다. 이들은 회사의 곳곳을 직접 보고 듣는 사람들로 알려지지 않은 정보통이다.

다양한 사람들과의 약한 연결은 로버트 D. 퍼트넘Robert D. Putnam 하버드 대학 교수가 말한 연결 사회적 자본Bridging Social Capital의 힘과 같다. 연결 사회적 자본은 서로 다른 집단들 사이에 형성되는 사회적 자본을 말한다. 사람이 모이는 곳에서는 지식과 정보가 직접적 혹은 간접적으로 공유되기 마련이다. 자연히 '학습'이 일어나고 예상치 못했던 혁신도 발생한다. 주위를 돌아보자. 나는 얼마나 다른 종족의, 다른 부류 사람들과 약한 연결을 형성하고 있는가? 스스로 자문할 때다.

다양한 사람들의 연결에는 강력한 힘이 있다. 새로움도, 협업도, 혁신도 결국은 사람들 사이의 관계에서 시작된다. 회사 밖 사람들을 '그냥 아저씨'로 생각하며 무시할 수 없는 이유다.

3

소통하기 전에 예의부터 챙겨라

방부장은 직장생활 17년사 중 가장 충격적인 순간을 회상한다. 장소는 리더 후보들의 술자리, 회사와 족히 10km는 떨어진 강남의 한 선술집이었다. 술집은 고즈넉한 분위기를 자랑했다. 테이블 주위로 대나무 발이 쳐져 독립된 공간을 만들어 역사 속 수렴청정을 연상케 하는 공간이었다. 그곳에서 방부장은 오랜 친구와 술 한 잔을 기울이고 있었다. 하지만 안주를 음미하는 동안 잠시 찾아온 적막 이후, 방부장은 젓가락을 들고 있던 손을 더 이상 움직일 수 없었다. 대나무 발 너머에서 익숙한 소리가 들려왔다. 방부장과 같은 팀인 이대리의 목소리였다. "아, 요즘 **이(방부장의 별명) 때문에 짜증 나 죽겠어, **이는 자기만 알아 아주. 자기 임원 승진하는 데만 혈안이 돼 있어. 근데 밑에서는 아무도 능력 있다고 인정 안 하거든? 더 짜증나는 건 뭔 줄 알아? 이 회사에서 내 10년 후 미래가 방부장이라는 거야. 진짜 퇴사 마렵다 마려워."

방부장은 특이한 성 때문에 붙여진 자신의 별명을 안다. 회사에서도 뒤에서 그렇게 불리는 걸 알고 있었지만 애써 대범하게 넘겨왔던 터였다. 게다가 10미터 밖에서도 구별할 수 있는 그 목소리의 주인공이 매일 얼굴을 마주하는 이대리라는 사실은 부인할 수가 없었다. 매일 친절한 얼굴로 먼저 말을 건네는 이대리였기에 충격은 배가 됐다. 동료 부장들은 온 맘을 다해 위로했다.

"방부장, 내가 지난달에 리더십 교육에서 들었어. 켈의 법칙Kel's Law 때문일 거야. 원래 사원 대리들은 부장급 다 싫어해. 그냥 꼰대라고만 생각하잖아. 같이 밥 먹자고 하기가 무섭다니까."

동료 부장들은 위로를 보내면서 저마다의 쓰라린 경험을 이야기했다. 너도나도 그런 경험 한 번쯤은 있었다고. 뒤통수 맞지 않으면 진정한 부장이 아니라고. 웃으면서 마음속으로는 울었다. 무엇이 문제일까?

살펴야 할 건 '상사표정'뿐만이 아닙니다

켈의 법칙을 설명하면 수많은 리더들에게 위로가 될까. 조직에서 직급이 한 단계 멀어질 때 심리적 거리는 제곱으로 늘어난다는 법칙이다. 사원과 대리 사이의 거리가 1이면, 사원과 과장 사이의 거리는 2의 제곱인 4, 사원과 부장 간 거리는 4의 제곱인 16이 된다. 이 법칙에서는 심리적 거리를 좁히기 위해 의사소통을 해야 한다고 강조하지만, 나는 방부장처럼 뒤통수 맞은 리더들을 위로할 때 사용하고 싶다. 원래 직급이 멀어지면 심리적 장벽도, 거부감도 높은 법이라고 말이다.

직장생활에 적응해서 업무에 익숙해지면, 직장인 생활의 초점은 상사에 맞춰진다. 출근할 때 상사의 표정을 보면서 하루 온도를 예측한다. 상사를 향한 마음의 소리는 따로 있을지언정, 상사 입맛을 맞추기 위한 노력은 계속된다. 그러다 보면 간과하는 것이 있다. 위만 살피고 좌우는 살피지 못하는 것이다. 동료와 후배의 존재는 까맣게 잊는다.

챙겨야 할 것은 상사 표정만이 아니다. 좌우에 있는 동료와 후배를 챙겨야 롱런한다. 리더는 결코 혼자서 리더십을 발휘할 수 없다. 동료와 후배의 도움이 있어야 리더십도 있고 성과도 있다. 동료, 후배와 예의를 갖추는 것이 첫 번째, 소통하는 것이 두 번째다. 맡은 업무의 전후임자도 중요하다. 새로 이동한 팀에서 전임자의 약점을 들추려는 사람들이 많다. 약점을 들춰내어 과실을 따져야 능력을 보이는 길이라 생각하기 때문이다. 하지만 이런 사람은 오래가지 못한다. 사방이 적이기 때문이다. 겉으로는 그걸 알아낸 당신이 대단하다고 추켜세울 수 있어도 속마음은 다르다. 언제 내 약점을 파고들지 모른다는 불신, 경계심만 자리할 뿐이다.

상하좌우 살피는 법 1단계?
자세히 보아야 예쁘다, 너도 그렇다

상하좌우 살피는 1단계는 동료와 후배 챙기기다.

이미 10년 전, 구글은 사내 인간관계를 분석해 좋은 리더의 행동을 분석했다. 이를 성과를 내는 리더를 길러내는 데 활용했다. 일명 '프로젝트 옥시젼Project Oxygen'이다. 소집된 조직은 임직원에 관한 자료를 모두 모았다. 설문조사, 인터뷰 등 모든 방법을 동원해 얻은 1만 건 이상의 자료를 분석했다. 그 결과물로 좋은 리더가 되기 위한 조건을 정리했다. 1위는 바로 '좋은 코치가 될 것'. 구글은 사람이 조직을 떠나는 세 가지 이유 중 두 가지는 결국 사람 때문이라고 보았다. 동료co-worker 그리고 리더boss 다. 좋은 코치가 되기 위해서는 반드시 1대1 만남을 가져야 한다. 여럿의 모임은 정보의 교류는 일어나되, 감정을 교류할 수는 없다. 그 누구도 다수에게 자신의 문제를 털어놓기를 원치 않기 때문이다. 1대1로 만나야 상대를 향한 질문에 깊이가 생긴다.

인재개발실장 김팀장은 1대1 만남을 좋아하는 리더다. '인재개발실장'이라는 직책명에 걸맞게 조직의 한 명 한 명에게 인간적인 관심을 가진다. 활용하는 시간은 주로 점심시간이다. 그 덕에 김팀장의 일주일 점심 스케줄은 1대1 만남으로 꽉 차 있다. 복도에서 마주치면 "언제 밥이나 먹자!"고 말하는 한국인의 버릇도 김팀장에게는 예외다. 1차 놀라움은 밥 먹자고 말한 후 그가 메신저로 먼저 약속을 청해올 때다. 직위 고하에 상관없이 김팀장은 먼저 손을 내민다. 타 팀 직원들도 예외는 아니다. 김팀장에 대한 2차 놀라움은 그 누구라도 김팀장과 1대1로 만난 뒤에는 그의 팬이 된다는 사실이다. 간혹 팀원들은 '나에게 무거운 이야기를 하려나, 내 업무처리 방식에 문제가 있는 걸까'를 걱정하기도 한다. 하지만 그 걱정은 곧 깨진다. 한낱 팀원에 불과한 나에게 인간적인 호기심을 가지고 오는 상사를 싫어할 사람은 없다. 오히려 관심에 감사하고 힘이 난다. 매일 아침 사직서를 언제 던질까 고민하던 김대리도, 사수 때문에 힘이 든 신입사원도, 업무로 얽혀 얼굴 붉히는 옆 팀 장과장도 김 팀장을 만나면 빠르게 태세를 전환한다.

1대1 만남은 동료와 후배를 인간관계 피라미드의 상층부로 끌어올린다. 단순한 업무적 관계를 유지하는 것은 구글이 말한 '좋은 코치'가 아니다. 허용적 관계를 넘어서 감정적 교류 단계에 올라서는 일은 1대1 만남 이후 펼쳐진다. 1대1 만남을 가져야 상대를 자세히 안다. 유명한 시의 한 구절처럼 말이다.

> '자세히 보아야 예쁘다. 오래 보아야 사랑스럽다.
> 너도 그렇다.'
> ─ 나태주 「풀꽃」 중에서 ─

상하좌우 살피는 법 2단계

상하좌우를 살피는 두 번째 단계는 상사와의 관계를 만드는 것이다. 저 멀리 상사가, 팀장이, 임원이 걸어온다고 해서 피하거나 숨지 말자. 잊을 만하면 나타나서 자주 보여야 호감도 생긴다. 자주 접할수록 좋아하게 된다는 말은 진리다. 마주할 때마다 업무 이야기, 개인적인 이야기를 가볍게 나누면 나에 대한 이미지를 형성하는 정보로 활용된다.

우리 뇌는 익숙한 것을 좋아한다. 새로운 것을 받아들이는 수고를 덜기를 원한다. 미국의 사회심리학자 로버트 자이언스Robert Zajonc가 말한 '단순노출효과Mere-exposure effect'다. 엄청난 성과가 예상되는 프로젝트의 TFT멤버를 선별할 때조차도, 한 달 전 회의 때 만난 김대리보다는 매일 아침 엘리베이터에서 인사를 나누는 박대리가 당첨될 가능성이 높다. 계속 만나면 인간적 호기심이 증대된다는 사실은 남녀의 수많은 소개팅 경험을 통해 정성적으로 증명되기도 했다.

단순노출효과를 얻기 위해서는 상사에 대한 마음가짐 변화가 먼저다. 어떤 상사를 마주해도 한 가지씩은 배워야겠다는 마음가짐을 장착하는 것이다. 회사가 상사를 부장으로, 파트장으로, 본부장으로 임명한 것은 그만한 이유가 있다. 설사 열 번을 보아도 배울 점이 1도 없는 상사라 해도, 그럴 때는 그가 가진 단점을 반면교사 삼으면 된다.

리더와 구성원의 관계를 설명하는 이론으로 'LMXLeader-Member Exchange, 리더-구성원 교환관계' 이론이 있다. LMX 이론에 의하면 리더는 구성원을 내집단과 외집단으로 나눈다. 내집단은 리더에게 존경과 호감을 가지고 신뢰하는 집단이다. 다시 말하면, 리더에게 관심과 인정을 받기에 쉽게 손을 뻗을 수 있는 집단이다. 리더는 내집단에 관심을 쏟고 인정과 혜택을 준다. 외집단은 공식적인 관계만을 형성하는 집단이다. 내집단을 꿈꾼다면 마음을 열고 다가가는 것이 첫 번째다. 리더가 내집단을 향해 기회를 던질 때 재빨리 잡으면 된다.

4

묵이식지,
많이 듣고 적게 말하라

직장인이 두려워하는 것은 업무 폭탄도, 크리스마스를 비롯한 각종 공휴일이 토요일에 있는 해도 아니다. 바로 '말'이다. 상사의 말, 동료의 말 한마디가 날아와 비수로 꽂힌다. 내가 하는 말도 두려움의 대상이다. 대중 앞에서의 발표, 강의, 회의 진행을 앞두면 소요 시간의 두 배 이상을 준비로 할애한다. 그뿐만이 아니다. 오늘 내 발언을 곱씹어보면서 '괜히 말했어! 말하지 말 것을!' 혹은 '아⋯⋯. 이때는 이 말을 했었어야 했는데!'를 외친다. 이불킥 하면서 밤잠을 설치는 일도 다반사다. 직장인은 '말'에 대해 양가감정을 갖는다. 두려움의 대상이면서 말 잘하는 역량은 놓치지 않으려 한다.

'내가 말단 직원이라서 갖는 문제인가' 하는 생각이 든다면, 리더의 시점에서 보자. 리더도 말이 두렵다. 오히려 직장에서의 직위가 올라갈수록 말은 더 큰 문제가 된다. 구성원 앞에서 말을 해야 하는 경우도 많거니와, 리더의 한 마디 말은 파급효과가 크기 때문이다. 말 한 마디가 그간 공들여 쌓아온 직위, 명예, 성과를 한방에 날려버릴 수 있다는 불안감까지 가중된다. 완벽해 보이는 팀장님도 상무님도 '아직도 발표가 두려우신가요?'라는 광고를 몰래몰래 클릭하고 있다.

리더의 말말말, 무엇이 문제인가요

리더의 말이 문제시되는 경우는 세 가지다. 말이 가볍거나, 말을 못하거나, 아니면 너무 많거나.

첫째는 말이 가벼운 경우다. 하상무는 유머러스한 리더다. '허허허' 웃는 인상이 더욱 도드라진다. 팀 회식자리에서도 예외는 아니다. 직원은 리더의 말에 자연스레 귀를 열게 마련이다. 왁자지껄 시끄러운 회식 분위기에 찬 물을 끼얹는 말 한 마디가 던져진다. "나는 젓가락질 못하는 애들 보면 천박하다는 생각이 들더라." 그러자 신나게 움직이던

2030 직원들의 젓가락질이 일제히 멈춰진다. 하상무의 말은 농담이었을까, 진담이었을까? 어쨌거나 가벼운 말 한마디는 일파만파 메신저를 타고 가십으로 퍼졌다. 직원들은 "와 그럼 우린 천박한 사람이야?" 하는 탄식과 함께 DJ DOC의 노래가사 '젓가락질 잘해야만 밥을 먹나요♪'를 흥얼거린다. 한상무는 삽시간에 젊은 직원들 사이에서 '꼰대'로 낙인찍혔다.

두 번째는 말을 못하는 경우다. 전략을 담당하는 모 임원이 젊은 직원들에게 불리는 별명은 '책 읽어주는 남자'다 (물론 모 임원에게는 비밀이다). 한번 회의를 시작하면 끝이 없거니와, 끝나도 직원들의 머릿속에는 '그래서 뭐? 어쩌라는 건지?'라는 물음표만 둥둥 떠다닌다. 핵심 없는 메시지도 문제지만 그 말을 궁서체로 진지하게, 동일한 톤을 유지하니 집중도 안 된다. 시종일관 피아노 '도' 톤의 모호한 메시지의 공격을 받다보면 잠이 온다. 일부 직원은 졸음을 물리치기 위해 일부러 볼펜을 책상 아래로 떨어뜨린다. 줍는 척하면서 잠시나마 눈을 감기 위해서다.

세 번째는 말이 많은 경우다. 김상무는 평소 말이 많다. 팀 회의에서도 예외는 아니다. 발언 점유율 50% 이상이다. 문제는 말이 많으니 실수도 잦다. 극비 인사 관련 이야기를 직원들에게 발설했다가 상처받은 직원들이 퇴사하기도 하고 전배를 강력히 요청받은 적도 있다. 김상무의 말 때문에 팀이 무너진 것이다. 리더의 자리에서 얻는 정보들은 고급 정보인 경우가 많다. 말이 많으면 고급 정보가 새어 나갈 빈도도 높아진다. 심지어 어떤 임원은 임원과 직원 간 정보의 비대칭성을 이용해 자신의 존재감을 드러내려고까지 한다. 쉽게 드러나지 않는 고급 정보를 갖고 있음을 알리는 행위로 힘을 과시하는 것이다.

세 가지 유형의 리더 중 가장 위험한 리더는 누구일까? 말이 많은 리더다. 아인슈타인은 말한다. 성공이 A라면, 성공의 공식은 A=x+y+z인데, x는 일, y는 놀이, z는 '침묵'이라고.

묵이식지, 말을 줄여야 승승장구한다.

리더는 침묵해야 한다. 조직에서 권한과 책임이 커질수록 입은 닫되, 귀는 열어야 한다. 즉 '묵이식지默而識之'해야 한다. 말하지 않아도 안다는 뜻이다. 오랜 시간 회장님을 비롯해 대통령을 보좌한 강원국 작가는 말한다. 리더는 알아도 묵묵히 모른 체하고, 알고 있다는 것만 보이면 된다고. 묵이식지하면서 말수 적은 리더가 되라고 말이다.

앞서 본 리더의 세 가지 말은 부정적인 파급효과를 낳는다. 첫째, 가벼운 말이다. 리더의 가벼운 말은 리더에 대한 불신으로 이어진다. 동화 속 양치기 소년과 같은 논리다. 구성원들은 메시지를 파악하기보다 말이 농담인지 진담인지 경중을 따지기에만 급급해 한다. 동시에 리더-구성원 간 사적인 대화도 노출될 수 있으리라는 불신이 싹튼다. '깃털 같은 사람'이라는 낙인이 찍히는 것은 당연하다.

둘째, 말을 못하는 리더가 있다면 그 조직은 혼란스럽다. 유관부서, 협력업체, 기타 이해관계자와의 커뮤니케이션이 원활히 이루어지지 않기 때문이다. 리더 직무의 두 가지 축은 대외관계 관리와 의사결정이다. 이 두 가지 모두 커뮤니케이션을 근간으로 한다. 말을 잘 못하는 리더는 표현을 왜곡하거나 핵심을 제대로 전달하지 못해 오해를 불러일으킬 수 있다. 행위자의 의도와 듣는 사람의 수용 사이에는 늘 간극이 있다. 의도는 올바르더라도, 듣는 사람은 곡해할 가능성이 크다.

셋째, 말 많은 리더는 특히 더 위험하다. 리더가 말이 많은 조직은 머지않아 무너진다. 사적으로 말이 많은 리더는 신뢰받지 못한다. 발언 횟수가 많을수록 실수도 많기 때문이다. 대외비, 극비 정보를 습득하게 되는 리더는 더더욱 발언에 신중해야 한다. 공적인 자리에서라면 말 많은 리더의 위험성은 더욱 커진다. 게다가 리더가 말을 많이 하면 다른 조직원들은 말을 하지 않게 된다. 이른바 조직 내 침묵현상Organizational Silence이다. 각자 상사와의 회의 장면을 떠올려보자. 겉으로 보기에는 여러 구성원이 모여서 의견을 개진하는 회의다. 그러나 실상은 리더만 말하고 구성원들은 받아 적으며 고개를 끄덕일 뿐이다. 리더가 말이 많다면 회의 자리에서는 때 아닌 묵언수행이 펼쳐진다. 리더의 말은 이슈나 논점의 출발을 결정하는 닻Anchor이기 때문이다. 리더와 다른 생각을 쉽게 말할 수 없는 한국 사회의 고질적인 문화에 맞설 수 있는 자가 몇이나 될까? 괜히 한 마디 거들었다가 "그건 아니지"와 같은 부정문을 돌려받는다. 괜히 다른 의견을 개진했다가 공격받아 무능한 사람으로 낙인찍히지 않을까 걱정한다. 구성원이 침묵하는 현상은 학습된 무기력함Learned Helplessness 때문이다. 말해도 반영되지 않는데서 오는 무기력함을 학습한 것이다.

회의시에는 다들 리더 혹은 임원의 입에 주목한다. 리더가 TMTToo Much Talker, 말이 너무 많은 사람라면, 구성원은 침묵한다. 이런 현상이 무서운 이유는 그것이 조직을 침몰시킬 위험이 있기 때문이다. 아무도 아이디어를 제시하거나, 생각을 발산하지 못한다. 그저 수렴한다. 새로운 시각이 제시될 수 없는 조직에 미래가 없음은 당연하다.

다변가보다 '겸손하게 듣는 달변가'가 되어라

답은 하나다. 리더일수록, 올라갈수록 말을 줄여야 한다. 직원들을 관리하고 평가하는 열 마디보다 툭 던지는 한 마디에 무게와 힘이 실린다. 다변가이기보다 달변가가 되어야 한다. 일반적으로 말 잘하는 달변가와는 다른 의미다. 달변가 리더의 특징은 두 가지로 집약된다.

첫째, 말하기 전에 생각한다. '말하기 전에 생각했나요?'라는 우스꽝스러운 이모티콘이 유행했던 이유다. 조직에서 말은 곧 권력이다. 피라미드 상층부로 올라갈수록 많은 발언권을 획득한다. 훌륭한 외교관들은 스스로의 말 한 마디의 파급력을 고려해 한 번 더 생각하고 말한다. 말의 톤을 조절하고, 수위를 조절한다. 조사 한 글자에도 의미가 달라지는 우리말의 우수성은 조직에서 더욱 크게 작용한다. 즉각 반응하지 말고 템포를 늦추어야 한다. 한 템포 기다리며 생각하여 말하는 것만으로도 말이 가져오는 언쟁이나 오해, 소문, 조직의 와해 등 갖가지 위험을 줄일 수 있다. 거짓말하는 리더는 지탄을 받는다. 하지만 거짓말보다 더 무서운 것이 책임감 없이 내뱉는 말이다. 리더에 대한 신뢰도를 측정하는 척도는 '언행일치 여부'다. 생각 없이 뱉은 말은 실행하기 어렵다.

둘째, 겸손하게 듣는다. 그냥 듣지 않고 잘 들어야 한다. GE는 경청 능력을 존경받는 리더의 요건으로 꼽았다. 덧붙여 겸손하게 들어야 한다고 강조했다. 리더를 위한 교육과 정에 커뮤니케이션 강의는 필수다. 임원 교육에 스피치 스킬은 필수 내용이기도 하다. 리더 스스로도 일대일 코칭 등을 통해 말을 잘하고자 하는 노력을 지속한다. 그런데 듣기는 등한시한다. 그저 귀를 열고 적당한 때 고개를 끄덕이는 걸 방법이라고 생각하기 때문이다.

듣기에서 가장 중요한 것은 피드백이다. 반드시 직전의 메시지를 토대로 피드백해야 한다. "팀장님, 오늘 협력업체 회의에서 몇 가지 이슈가 있었습니다"라고 말했는데 느닷없이 "근데 오늘 간담회 몇 시야?"라는 피드백을 준다면? 이건 그냥 들은 것hear일 뿐이다. 말하는 사람이 사용한 단어를 다시 사용해 답해주는 것도 좋다. 직원이 '이슈'이라는 단어를 썼다면, "어떤 이슈가 있었는데?"와 같이 직전의 메시지를 토대로 대화를 이어주자.

창의성과 리더십 분야 전문가, 마이클 겔브Michael J. Gelb는 최악의 듣기 태도로 일곱 가지를 말했다. 1) 타인이 말하고 있을 때 자기가 할 말을 머릿속에서 다듬는다. 2) 대화하는 중 전화를 받는다. 3) 상대방이 말하는 데 불쑥 끼어든다. 4) 자기 마음대로 화제를 바꾼다. 5) 계속 자신에 대해서만 말한다. 6) 불필요한 충고를 한다. 7) 대화 중 시선을 피한다.

'오늘부터 겸손하게 듣기'를 다짐하고 하루만 의식적으로 노력해보면 안다. 그냥 듣기는 쉬워도 겸손함을 장착하고 듣기는 어렵다는 사실을 말이다. 마이클 겔브가 말한 최악의 듣기 태도에서 '저는 예왼데요'라고 자신있게 손들 수 있는 리더, 몇이나 될까. 안타깝게도 직위고하와 겸손한 듣기는 반비례관계다. 피라미드의 상층부에 가까워질수록 듣는 동시에 처리할 일이 많아진다. 구성원의 한 마디에 다섯 마디 첨언을 돌려주는 일이 다반사다.

아무리 자기PR의 시대라도, 자기표현 역량이 각광받는 시대라도 '겸손한 듣기'의 중요성에는 변함이 없다. 신뢰받는 리더를 꿈꾼다면, 말수를 줄이고 겸손하게 들어야 한다. 이건희 회장도 말했다. 말하는 데 3년, 말 듣는 데 60년이 걸렸다고. 예순이 넘어서야 비로소 제대로 듣게 되었다고 말이다.

5

행간과 몸짓언어를 읽어라

이부장은 매일같이 청소 여사님과 경쟁한다. 사무실 불 먼저 켜기 경쟁이다. 그의 하루는 목을 좌우로 흔드는 스트레칭으로 시작된다. 목을 길게 빼고 사무실의 동태를 살피는 게 일과다. 이부장은 파티션 너머의 세상이 궁금하다. 아래 직원들을 감시한다고 생각하면 오해다. 정확히 말하면 저 멀리 보이는 팀장의 동태가 궁금하다. 하루에도 수십 번 길게 목을 빼고 파티션 너머를 향해 이리저리 눈동자를 굴린다. 팀장은 어딜 가는지, 누가 팀장을 찾아오는지, 오늘의 팀장은 고기압인지 저기압인지, 어떤 보고를 주고받는지 알고 싶다. 주니어 팀원들은 이부장을 '사무실 미어캣'이라

부른다. 동그란 눈을 커다랗게 뜨고 두발로 서서 연신 주위를 살피는 모습, 흡사 미어캣이다. 실무에서는 이미 한 발을 뺐다. 요청하지 않은 조언만 일삼는 이부장을 팀원들이 무시하지 못하는 데는 다 이유가 있다. 미어캣 이부장의 염탐 노력이 종종 빛을 발하기 때문이다. 온 부서가 함께하는 회의가 끝나면 이부장은 훨훨 난다. 올해 예산 사용 내역을 공유한 김과장에게 팀장은 이렇게 말했다.

"흠, 이만하면 됐지 뭘. 우리는 어차피 고정비 비중이 높잖아. 내년에도 이 수준으로 유지할 수밖에 없지? …… 그렇지 않겠어?"

회의가 끝난 뒤 김과장은 내년 예산안을 잠시 고민하다가 팀장님의 말을 떠올린다. 그러고는 엑셀 시트에 올해의 예산을 Ctrl+C(복사), Ctrl+V(붙여넣기) 한다. 유령처럼 김과장 뒤를 서성이던 이부장이 운을 뗀다.

"김과장, 그거 아니야. 팀장님이 내년에도 이 수준으로 갈 수밖에 없다고 해서 그대로 가면 절대 안 돼. 아까 팀장님 말씀하실 때 표정 못 봤어? 입 쭉 나와 있고! 멈칫 하면서! 세상 답답해 보였지? 팀장님은 원래 말씀하실 때 그런 표정이 아니잖아. 그대로 하고 싶은 뉘앙스가 아니었다니까.

(쉿!) 내가 파악하기로는 기획실장이 연말에 바뀐다고 하더라. 새로 오시는 기획실장이 누구냐면 말이야, 그룹 재

무 담당 임원이야. 얼마나 비용 줄이라고 '돈돈돈' 하겠어? 내년에 고정비 줄일 구석은 없고 위에 오는 임원은 돈돈돈 할텐데, 팀장님도 답답하겠지. 봐봐 김과장. 내가 볼 때 여기서 줄일 수 있는 것은 직원들 자기계발비랑 판관비밖에 없어. 회사 어려우니 줄여야 한다고 밀고 나갈 자료 하나 만들자. 내가 가능한지 인사팀에도 알아봐줄게. 자료 들이밀면 팀장님은 분명히 좋아하실 거야."

직장 커뮤니케이션의 판도가 바뀌었다

제2의 사무실로 급부상한 노란 메신저. 휴가 중에도 노란 메신저 창의 공격은 피할 수는 없다. 업무처리 과정에서도 인스턴트 메시지가 중심이 된 지 오래다. 궁금한 것이 있으면 즉각 물을 수 있고 피드백 받을 수도 있으니, 참 편리하다. 사내 전용 메신저는 상대가 부재중이거나, 메시지 거부 모드로 설정하면 무용지물이다. 하지만 노란 메신저 창은 그런 아쉬움을 달래준다. 이 사람이 '읽씹(읽고도 무시하기)'하는지, '안읽씹(일부러 안 읽고 무시하기)'하는지 여부가 하루의 감정 상태를 좌우한다. 메신저는 아무도 인식하지 못하는 새, 직장생활에 훅 들어왔다. 반면 전화는 구시대의 산물로 전락했다. 전화주의자는 회사에서 꼰대 호칭을 부여받는다. 어디서 버릇없이 메신저 하나 남겨놓고 마느냐고 호통이나 친다. "전화! 안부 전화!"를 외치는 드라마 속 시어머니처럼 반감만 살 뿐이다. 게다가 전화공포증을 호소하는 젊은이도 적지 않다. 이메일 역시 그 용도가 바뀌었다. 이메일은 이제 수시로 주고받으며 커뮤니케이션하는 용도로 사용하지 않는다. 직장에서 증거를 남기기 위해 활용된다. 훗날 사고가 생겼을 때, 책임소재를 명확히 하기 위한 증거다. "이것 봐요. 3월 4일 15시 25분에! 제가 분명히 전달 드리지 않았습니까?"라고 훗날 당당히 외치기 위해 활용하는 수단이다. 직장인은 기나긴 전화통화, 메신저를 끝내고도 '굳이' 이메일을 작성해 보내는 것으로 미래의 나를 보호한다.

상사 말에 숨은 뜻을 찾아라: 메타 커뮤니케이션

인스턴트 메시지 위주 커뮤니케이션의 확산으로 신종 직업병이 등장했다. 메타 커뮤니케이션에 대한 강박이다. 직장에서 대화할 때도 사전적 의미만 파악하면 바보다. 메타 커뮤니케이션은 돌아가는 상황을 파악하고 메시지에 숨은 의미를 찾는 능력이다.

상사의 메시지에 답하는 '네'와 '네...', '넵'의 의미가 다른 것처럼 말이다. '네...'라는 답변 속 마침표 세 개 안에 온 우주가 담겨 있다. 직원은 힘듦을 알아달라는 절규를 마침표 세 개에 녹여 보낸다. 상사의 부탁에 '괜찮아요, 하하'라는 답이 오더라도, 진짜 괜찮지 않음을 알아주는 능력이 리더에게 절실하다. 사수가 신입사원에게 '넌 정말 여기 있기 아까운 사람이지'라고 말했다면? 이걸 신입의 스펙이 너무도 훌륭해 표면 그대로 칭찬했다고 믿으면 오산이다. 대화가 이루어진 앞뒤 맥락을 파악해보면 안다. 다른 데 안 가냐는 의미가 내포되어 있음을.

숨은 그림 찾기를 하듯 숨은 뜻을 잘 찾아내는 직원이 승자다. 임원에 가까워질수록, 피라미드의 상층부로 올라갈수록 리더는 뜻을 숨긴다. '내 생각은 이거야'라고 속 시원히 드러내지 않는다. 말을 아끼려는 의도와 더불어 말의 파급 효과를 생각해야 하는 자리기 때문이다. 부정적인 메시지일수록 더 꽁꽁 숨기고 포장한다. 리더의 말에 내포된 숨은 뜻을 찾아내는 것이 곧 직원의 신종 역량이다. 숨은 뜻을 많이 찾아서 행하는 자가 신뢰를 얻는다.

숨은 뜻 찾기 게임에서 승리하는 방법은 무엇일까? 비언어에 집중하는 것이다. 커뮤니케이션은 언어적, 비언어적으로 이루어진다. 비언어적 커뮤니케이션은 몸짓, 행동, 목소리, 표정 같은 언어 외의 모든 요소를 말한다. 사람들은 사회에서 커뮤니케이션의 60%를 비언어적으로 전달한다. 유아와 달리 성인은 언어적 메시지와 비언어적 메시지가 서로 다를 때 비언어적 메시지에 더 크게 반응한다. 서양 사회가 언어적 메시지를 중시한다면 한국 조직은 상황에 집중한다. 직접 묻지 않고 스스로 상사의 의중을 파악하는 능력이 필요하다. 관심법 쓰는 궁예가 되라는 말이 아니다. 그들의 머릿속에 들어갔다 나올 수 있다면 좋으련만……. 그럴 수 없기에 목소리 톤, 크기, 포즈와 제스처, 표정 등에 집중하라는 의미다. 직장인이 스트레스로 괴로울 때는 상사의 표정이 어제와 다를 때니까.

상사의 무엇을, 어떻게 읽어야 하나요?

메타 커뮤니케이션을 위해 평소에 해둘 일이 있다. 상사의 가치관을 읽어두는 것이다. 상사가 중시하는 것이 무엇인지 알아두는 작업이 필요하다. 돈을 최우선 가치로 두는 사람인지, 사람을 중시하는지, 아니면 종교, 워라밸, 가족, 심지어 애완견이 생각에 중심에 있는 사람인지 말이다. 상사의 말, 전화통화, 행동에 잠깐이라도 주목하면 보인다. 어떤 때 기뻐하고 어떨 때 노하는지, 희노애락에 집중하면 된다. 상사의 언행을 포착한 파편들이 한데 모아져 '이런 사람이구나' 하는 나만 아는 족보가 된다. 상사가 최우선으로 생각하는 대상을 알아두면 커뮤니케이션이 한결 쉬워진다. 사람은 누구나 최우선 가치를 염두에 두고 의사를 결정하기 때문이다. 서두에서 만난 '미어캣 이부장'은 안다. 이부장네 팀장은 인정받아 임원 될 그 순간을 기다리고 있음을. 새로 부임할 임원 앞에서 면이 서도록 도와줄 실적을 필요로 하고 있다는 것을. 상사의 가치관을 알고 행동하는 부하직원은 인정받는다. 가려움을 긁어준 데 대한 인정과 칭찬을 포상으로 받는다.

행간을 읽기 위해 중요한 것은 '말의 목적'을 종합적으로 파악하는 것이다. 리더의 말에는 의도가 있기 때문이다. '무엇을 위해 이 말을 했을까? 사실을 알리기 위해 말했을까? 후속 조치를 요청하기 위한 것일까? 말을 한 상황은 어떠했나?'를 고려해 사고를 확장해야 한다. 미리 파악해둔 상사의 가치관을 대입하면 쉽다. '오전 회의 때 먹을 빵 좀 사올래?'라는 상사의 빵 셔틀 문자. 이럴 때 문자 그대로 진짜 빵만 사오는 사원이 있다. 반면 '항상 아침을 든든히 먹어야 한다'고 강조하는 상사의 가치관을 아는 사원이라면 빵만이 아니라 요깃거리, 우유나 커피까지 완벽하게 준비한다.

상사의 머릿속에 센스 있는 사원으로 등극하는 것은 덤이다.

NLP Neuro-Linguistic Programming, 신경언어학 프로그래밍 는 상사의 머릿속을 점유하는 과정을 설명한다. 캘리브레이션, 페이싱, 래포, 리딩까지의 과정을 강조한다. 먼저 캘리브레이션Calibration 은 상대를 관찰하는 것이다. 스스로 의식하지 못한 채 내비치는 다양한 표현을 관찰한다. 손짓, 몸짓, 자세, 표정, 눈동자, 음정 같은 것이다. "괜찮아요"라고 말하는 선배의 표정이 진짜 괜찮지 않은 것처럼 말이다. 오차장이 "김과장 정말 능력 있어"라는 칭찬과 함께 입술을 꽉 닫고 웃어 보인다면? 여기에서 '김과장 너 정말 별로야'라고 외치는 오차장 마음의 소리를 읽어야 한다. 캘리브레이션을 통해 말에 드러나지 않는 감정을 캐치한다. 관찰하여 얻은 정보를 토대로 상대에게 보조를 맞춘다. 상대의 호흡, 제스처, 목소리 톤, 말의 빠르기를 맞춘다. 이것이 페이싱Pacing 이다. 그러면 상대와의 신뢰관계, 즉 라포Rapport 가 형성된다. 라포가 형성되었다면 바람직한 관계 변화를 유도Leading, 리딩 하자.

6

설득력의 기본은 당당함이 아니라 솔직함이다

총무팀 김부장은 쉴 새가 없다. A to Z로 딱 떨어지지 않는 업무 범위도 문제지만 늘 할 말이 많기 때문이다. 식사시간마다 밥그릇이 밀리는 사원급 주니어 직원들은 늘 김부장 근방 1미터 이내로 배치된다. 자신의 친구 이야기, 회사 포털 메인을 장식한 누군가의 이야기, 지금 지나가는 신임 팀장 이야기, 사돈의 팔촌의 이야기까지 들어도 영양가 없는 '남의 이야기'를 마구 쏟아내기 때문이다. 남의 이야기가 아니면 누구나 아는 이야기를 한다. 펭수가 유튜브 스타가 아닌 EBS 연습생이라는 누구나 아는 이야기, 총무팀에 온 이상 내 업무 네 업무를 구분해서는 안 된다는 요청한 적 없는 조언 등이다. 김부장의 쏟아지는 이야기를 받아내야 하는 주니어 직원들은 그를 '노답 강의 꿈나무(답 없는 강의 꿈나무)'라 부른다. 부장님, 그렇게 주구장창 말을 하고 싶으면 딴 데 가서 강의를 하시라고요.

말 섞기 싫은 상사 되는 법

자문해보자. 우리 조직에는 '노답 강의 꿈나무'가 없는지 말이다. 떠오르는 사람이 없다면 그 사람이 자기 자신일지도 모른다. 한 손에는 별다방 커피를 들고 당당하게 "좋은 아침입니다!"를 외치며 등장하는 인정받는 세련된 도시 직장인이 되겠다는 부푼 꿈을 안고 들어온 소중한 내 회사인데 왜 상사들과 말을 섞기 싫은 걸까. 2년을 주기로 찾아온다는 직장인 사춘기인가라며 이런저런 이유를 찾다가 이내 결론을 내린다. 그냥 이 조직에는 말 섞기 싫은 스타일의 상사만 존재한다고 말이다.

『이웃집 CEO』의 저자 엘레나 보텔로Elena L. Botelho의 연구가 '이 조직에는 말 섞고 싶은 상사가 없다'는 주장을 합리화하는 데 도움이 된다. 그녀는 CEO 자리에 오르지 못한 리더들의 언어 유형을 분석했다. 채용 인터뷰 과정에서의 언어 습관을 텍스트마이닝했다. 긴장한 채 정돈된 말을 하는 인터뷰 도중에서도 이런 언어 습관이 드러났다면, 일상생활에서 굳어진 습관이라 유추할 수 있다. 첫째, 고상한 척 허세 부리는 말을 하는 리더다. 둘째로 상투적인 말이나 전문용어를 주구 장창 나열하는 유형이다. 셋째, '나는'이라는 표현을 사용하면서 자기중심적으로 말하는 경우다. 임원 그 이상으로 승진하지 못하게 가로막는 언어 장애물이다.

'말 섞기 싫은 리더'를 꿈꾸는 사례를 찾아보자. 고상한 안상무는 첫 번째와 두 번째 유형쯤에 발을 걸치고 있다. 스스로 "난 직장에 역마살이 꼈지. 하하하"라고 웃으며 숱한 이직 경력을 자랑한다. 그의 페이스북 '경력 정보'란은 엄청난 스크롤 길이를 자랑한다. 취미가 이직이요, 특기도 이직이다. 인사기획 쪽에서 컨설팅사와 인하우스를 넘나들었기에 인사기획 분야의 역사와 개념쯤은 줄줄 꿴다. 문제는 안상무와의 대화를 마치면 급 피로감이 몰려온다는 거다.

"Fancy한 제도를 만들자는 Needs가 있었어요. Humm... 우선 As is를 Cascading 한 후에 좀 더 Develop 해요. To be model에는 BSC, KPI, MBO랑 OKR까지 Align 해서 Executive Summary도 Making 해줘요."

여기가 한국인가, 미국인가. 직장인가, 토익 LC 학원인가를 의심케 한다. 업계에서 통용되는 전문용어는 그렇다

쳐도 지나친 외국어의 남발은 대화에 장벽을 만든다. 세 번째 유형에 해당하는 조부장은 자기애가 강하다. 지나친 자기애가 대화 도중에 드러난다. 문제가 되는 때는 조언과 위로가 필요할 때다. 수주 실패로 상심한 영업담당자에게 위로를 가장한 자기 자랑을 한껏 보낸다.

"괜찮아. 김과장, 나도 옛날에 그랬던 때가 있었어. 나도 수주에 세 번 연속 실패했던 때가 있었는데 말이야. 실패 요인을 밤낮으로 분석해서 다음 수주 때는 공을 들였더니 결국 100억짜리 수주를 따냈잖아. 회사 창설 이래 최대 규모의 수주였지. 그때 내가 사내 표창 받았던 것 기억하지?"

이것은 자랑인가, 위로인가. 힘을 주는 말일까, 힘을 뺏는 말일까. 누군가를 위로할 때는 절대 자신의 사례를 곁들여 조언하지 말라는 감정 코칭 교육이 시급하다.

상사는 제발 이런 이야기를 하세요

공식적인 자리에서 만났지만 스토리텔링에 능했던 리더는 3년이 지나도 짙게 기억된다. 공식적인 자리에서는 대부분 네모난 종이를 펴고 딱딱한 문어체를 읽어내기 마련이다. 그런데 길이 남을 성과와 역사를 뒤로한 채, 현재는 글쓰기와 강의에 전념하고 있는 퇴임 임원을 공적인 자리에서 마주한 적이 있다. 그는 연단의 50센티미터만을 점유한 채 종이 위 활자를 멋없이 읽어내는 사람이 아니었다. 그날의 주제를 가지고 경험을 말하고 건배사까지 멋지게 연결하는 감感은 하루아침에 만들어지지 않는 내공이다.

성공한 리더들은 이야기할 때 두 가지를 말한다. 첫째는 가치관이다. 앞서 이야기했듯 직원들은 상사의 가치관을 파악하려 노력한다. 가치관을 알아야 예측할 수 있기 때문이다. 모든 커뮤니케이션이 그러하듯 상대가 듣고 싶은 이야기를 해주면 실패하지 않는다. 면접관이 듣고 싶은 이야기를 하는 자가 합격으로 이어지는 것은 당연한 이치다. 존경받는 김부사장이 조직에서 롱런하는 여러 가지 이유 중 하나는 가치관을 적극적으로 표현하기 때문이다. 그는 첫째도 행복, 둘째도 행복, 셋째도 행복이라고 강조한다. 여기서 행복은 반드시 '구성원 개인의 행복'이어야 한다고 강조하면서 행복을 반영한 제도들을 회사 곳곳에 정착시켰다. 김부사장의 가치관을 아는 구성원은 조직의 방향을 예측할 수 있어 좋다. GE의 잭 웰치는 말한다. 핵심 가치는 반복하고 또 반복해서 말하라고 말이다. 구성원의 마음에 새기고 싶은 핵심 가치가 있다면 700번 이상 반복하라고 힘주어 말한다. 리더는 구성원과 공유되는 가치를 만들어 좋고, 구성원은 리더의 가치를 알고 예측할 수 있어 좋다. 리더와 구성원 모두 윈윈하는 소재다.

둘째, 성공한 리더는 결핍과 결점을 말한다. 가진 것이 많을수록, 성공한 사람일수록, 우월한 지위에 있을수록 결핍과 결점을 드러내는 것을 두려워한다. 자신의 결점을 말했다고 분노하는 리더는 생각보다 많다. 리더십 교육 과정에서는 리더 스스로 약점을 이야기하는 자리를 마련해주곤 한다. 안타까운 점은 진짜 약점이 아닌 '강점 같은 약점'으로 돌려 말하는 경우다. '성공한 나'는 완벽해야 한다는 생각, 빈틈을 보이면 신뢰도가 뚝 떨어질 것 같다는 걱정 때문이다. 물론 그런 걱정의 대다수는 기우다.

불편한 진실은 따로 있다. 구성원 앞에 자신의 부족함을 드러내야 오히려 신뢰를 얻는다. 인지심리학자 앨리엇 애러슨Elliot Aroson이 말하는 '실수 효과Pratfall Effect'다. 사람들은 완벽한 사람보다 빈틈 있는 사람들을 더 신뢰하며 호감을 갖는다. 빈틈없이 완벽한 사람은 마음의 거리가 좁혀지지 않을뿐더러, 열등감을 갖도록 만든다. 반면, 결점을 드러낸 사람은 솔직한 사람으로 느껴 신뢰하게 된다.

해가 바뀌어 새로 두 명의 리더가 우리 조직을 찾아왔다. 첫 인사를 나누는 순간을 상상하면서 마음이 끌리는 한 명의 리더를 선택해보자.

"저는 그룹 내 주요 요직을 두루 거쳤습니다. A, B, C 프로젝트를 비롯해 최근 언론에서도 크게 화제가 되었던 D 프로젝트, 다들 아시지요? A, B, C, D 프로젝트뿐만 아니라, 다수의 프로젝트를 성공적으로 이끌었습니다. 밤낮없이 일한 성과를 인정받아 이 자리에 오게 됐죠.

모두들 보셨다시피 앞으로 우리가 달성해야 할 목표가 산적해 있습니다. 열심히 일해서 2020년을 아름답게 마무리해봅시다. 잘 부탁드립니다."

"저는 그룹 공채로 입사해 쭉 우리 그룹에만 있었습니다. 제가 이 자리에 온 것은 성과 때문이 아닙니다. 그저 조직에서 자리를 묵묵히 지켜왔을 뿐인데 감사하게도 그 공을 높이 사주었기 때문입니다. 그래서 저는 시야가 좁습니다. 다른 회사나 해외 근무 경험이 없으니 경험의 폭도 좁습니다.

여러분 중에는 해외 유수 대학을 졸업한 인재도 있고, 글로벌 컨설팅 사에서 성과를 인정받아온 분들도 있는 줄로 압니다. 제 좁은 시야를 여러분들이 넓혀 주시고 채워 주세요. 여러분이 역량을 발휘하도록 물심양면 지원하겠습니다. 협상테이블의 전면에 서겠습니다. 성과는 여러분 것이고 결과는 제 책임입니다. 앞으로 잘 부탁드립니다."

당신이라면 어느 리더를 선택하겠는가?

IV

사람에게 행동 지령을 내리는 것은 두뇌다. 똑똑하고
신비한 우리 뇌는 타인의 반응에 대응하도록 만들어졌다.
정확히 말하면 다른 사람의 정서적 반응에 행동하고
대응한다. 구성원의 정서와 감정을 관리해야 하는 이유가
바로 여기에 있다

임원의 자격 3

삶을 관리하라

1

평판은 객관적 성취 데이터보다 더 중요하다

두 차례의 발탁 승진으로 동기들보다 빠른 속도로 임원 자리에 오른 전상무. 그는 자신이 그린 완벽한 이미지로 살고 픈 욕망이 컸다. 티끌조차 보이지 않는 정장에 깔끔한 헤어, 지적인 분위기를 더해주는 안경, 주머니에서 꺼내는 볼펜 하나까지 신중하게 고른 탓에 TV에서만 보던 잘생기고 '완벽한 실장님' 품격이 느껴진다. 이렇듯 보이는 것의 힘을 맹신하는 전상무가 극도로 분노한 사건이 있었으니, 발단은 얼마 전 인사팀에서 전달받은 다면평가 결과다.

임원은 상사, 동료, 부하가 그의 리더십을 평가하는 360도 평가 대상이 된다. 전상무 앞에서는 동료도, 부하도순한 양이요, 듣기 좋은 달콤한 이야기만을 쏙쏙 골라 들려주는 존재다. 평가 요청을 받은 직원들은 대부분 혹시 모를 사태를 대비해 상사의 장점만을 쓴다. 그런데 전상무를 분노케 만든 발칙한 후배는 평가 피드백에 '하루 종일 주식 창, 신문만 봄. 감정이 오락가락해서 리더십에 일관성이 없음'이라는 짧고 강력한 문구를 남겼다. 전상무는 자신을 평가한 문장 앞에 와르르 무너졌다. 급기야 사무실에서 소리도 쳤다. "이거 쓴 놈 누구야?" 전상무는 세 번의 계절이 바뀔 때까지 '내가 그거 쓴 사람 모를 줄 알지? 누군지 다 안다'며 한 말 또 하기를 반복했다.

전상무가 분노한 이유는 무엇일까? 자신이 만들어온 '완벽한 실장님' 이미지에 금이 갔기 때문이다. 수십 년 쌓아온 공든 탑, 평판에 오점을 남긴 누군가에 대한 분노다.

그놈의 평판이 뭐길래

한국 사회에서 평판을 관리하지 않는 사람이 있을까. 최근 '아몰랑 정신' 혹은 '마이웨이'를 모토로 삼는 이들이 늘고 있다. 간과하고 있는 것은 이 트렌드 역시 평판의 굴레에서 자유롭지 못했던 괴로움의 산물이라는 것이다.

평판評判은 세상 사람들의 비평이다. 개인의 행동, 속성에 대해 다른 사람들이 인지하는 것, 개인의 특성과 성취가 복잡하게 결합되어 타인에게 지각되는 정체성perceptual identity으로 정의된다. 명성, 지위와 비슷한 개념이다. 우리나라처럼 타인과 상호작용하는 것이 진리라 여겨지는 사회에서 평판은 결코 버릴 수 없는 짐이다. 학교에서는 선후배, 교수님과의 관계를 고민해야 한다. 조직에 들어간다 한들, 이목이 집중되는 신입사원의 위치는 '나에 대한 평판'을 늘 염두에 두어야 하는 전형적인 직장인으로 거듭나게 한다.

젊은이의 반골 기질을 자극하는 '그놈의 평판'은 심지어 고려시대에도 한 사람의 삶에 영향을 미치는 중요한 요소였다. 당시에는 행위, 성품, 자질, 공적인 활동, 사생활까지 평판을 형성하는 대상이 되어 공유되었다. 성종 이후, 정치 세력 간 경쟁이 치열하게 전개되고 파벌이 형성되면서 관료들 간 사적인 관계에 의한 인사가 문제시 되었다. 능력과 인성을 겸비한 관료가 요직에서 배제되었다. 결국 능력과 도덕성을 판단하는 제도의 미흡함을 보완하고자 주위 사람들의 평판을 한 사람에 대한 중요한 정보로 활용해 관직에 등용했다. 반대로 학식이 풍부했음에도 농담이나 희롱을 잘한다는 평판 때문에 임명되지 못하기도 했다. 한 사람에 대한 평판을 묘비명에 적는 경우도 빈번했다.

조직에 롤모델로 삼고 싶은 사람이 있는가? 우리 조직에서 평판이 좋은 사람을 떠올려 보자. 만약 떠오르는 사람이 한 명도 없다면 심심한 위로의 말을 전한다. 평판이 좋은 정치인, 기업인, 역사 속 인물도 좋다. 무엇이 좋은 평판을 결정했을까?

많은 학자들이 평판을 결정하는 요소에 대한 연구를 이어왔다. 버슨 마스텔러Burson-marsteller는 최고경영자CEO의 평판이 신뢰성, 위기관리 역량, 고객관리, 전략적 비전, 구성원 관리 역량으로 구성된다고 보았다. 『평판이 전부다』의 김대영 기업전문 기자는 CEO, 정치인을 비롯한 개인의 평판을 구성하는 요소로 전문성, 인성, 내부관리 능력, 사회적 책임, 대외관계 능력, 위기관리 능력을 선정했다. 더불어 이 6가지 요소로 구성된 헥사곤 평판 모델에 따라 개인의 평판을 관리해야 한다고 강조한다.

평판이 중요한 이유

워렌 버핏은 "좋은 평판을 쌓는 데는 20년이 걸리고 그 평판을 무너뜨리는 데는 5분이면 족하다"고 했다. 철학자 발타사르 그라시안은 이렇게 말했다. "평판은 눈에 보이지 않는 날개를 갖고 있다. 생각하지도 못한 곳까지 날아간다." 오늘날은 평판이 곧 스펙이 되는 사회다. 경력직 채용에서 이직자들이 가장 민감하게 생각하는 관문이 그 사람에 대한 평판 조회, 레퍼런스 체크다. 평판 조회 전문 업체도 성행한다. 조직의 별이 되느냐를 결정하는 인사 세션에서 늘 중요시되는 것이 평판이다. 실적으로 둘째라면 서러운 김부장이 임원 승진에서 세 번이나 고배를 마시는 이유도 평판이다.

평판이 중요한 이유는 그것이 사람을 판단하는 닻으로 작용하기 때문이다. 이른바 앵커링 효과anchoring effect다. 닻Anchor은 배를 정박시킬 때 배가 떠내려가지 않도록 고정해주는 장치다. 배를 고정하기 위해 닻을 내리듯 특정 사물이나 사람을 마주하기 전에 머릿속에 기준, 이미지, 편견 등을 미리 심어(닻을 내리듯) 판단의 범위를 제한하는 현상이 앵커링 효과다. 물론 '머니볼Money ball' 전략에 따라 인재를 정량적으로 평가하는 기업도 적지 않고, 과거에 비해 오직 평판만을 활용하는 일은 줄어들었다. 그래도 여전히 인재 평가에서 평판은 중요한 요소를 차지한다. 예를 들어 조직의 별이 되는 한 끗 차이는 그 사람에 대한 한 줄의 카피다. 책임연구원을 채용하는 과정에서 레퍼런스 체크 전화를 받은 상대방이 "아, 그 사람이요? 그냥 노코멘트 하겠습니다"라고 말해버리면 그 한 마디로 당락이 결정된다. 후보자에 대한 한 마디의 부정적인 카피가 그 사람을 평가하는 데 닻이 된 것이다.

회사가 개인에 대한 정보를 수집하는 데는 한계가 있다. 이력서와 자기소개서는 작성자의 주체가 본인이기에 '진짜 나'를 노출하지 못한다. 자신의 단점을 기술하라는 항목에 진짜 단점을 기술하면 바보다. 장점 같은 단점을 기술하는 것이 '자소서' 아닌 '자소설'의 진리 아닌가. 이 때 주위의 평판이 그 사람을 판단하는 중요한 신호 기제로 작용한다. 새로 부임한 팀장은 차석자에게 "김과장 어때?" 한 마디로 그 사람에 대한 닻을 내린다. 다른 사람들이 인식한 정보와 평가를 참고하여 의사결정에 활용한다. 그런 의미에서 발 없는 평판은 무섭기까지 하다.

임원을 꿈꾸는 직장인이 평판을 관리해야 하는 또 다른 이유는 리더의 평판이 구성원에게 영향을 미치기 때문이다. 이직하는 직원은 회사를 떠나는 것이 아니라 상사를 떠나는 것이다. 조직에서의 지위가 오를수록 평판은 중요한 문제다. 왜 우수한 직원이 자꾸 이직할까? 아무리 복지, 워라밸이 좋다고 한들 같이 근무하기 싫은 상사 때문에 이직하는 경우도 많다. 평판이 좋지 않은 리더와 함께하는 직원을 보며 드는 감정은 '불쌍함'이다. 훌륭한 리더, 상사는 그 존재만으로도 선한 영향력을 준다.

더 좋은 기회를 얻고자 한다면 평판을 관리해야 한다. 좋은 평판을 가진 사람은 더 능력 있고 믿을 만한 사람으로 인지되어 높은 지위를 얻는다. 평판은 긴 시간에 걸쳐 형성되어 사회적으로 전파된다. 단시간 한 번의 선행으로 형성되지 않는다. 구성원의 정착을 고민하는 상사라면, 높은 곳으로 올라가고 싶은 열망이 있다면, 지금부터라도 평판을 관리해야 한다.

좋은 평판을 만드는 세 가지 방법

첫째, 전문성이다. 반드시 자신의 분야 전문가가 되어야 한다. 그저 성품만 좋은 사람은 조직에 필요하지 않다. 리더에 대한 신뢰성을 구성하는 첫 번째 요소는 성품이 아니라 역량이다. 역량은 리더가 가진 직무에 대한 기술과 지식을 말한다. 사람은 좋지만 전문성이 부족하고 성과를 창출하지 못하는 리더는 신뢰를 받지 못한다. 주위를 둘러보자. 회사 밖에서는 호형호제하며 따르고 싶은 인품 좋은 상사이더라도 일을 배우기에는 망설여지는 리더가 한 명쯤은 있기 마련이다. 특히 전문성이 없는 리더는 구성원들에게 '일단 네 방식대로 한 번 해봐'만 반복한다. 그런데 정작 결과물을 보고하면 '이건 아닌데……'라는 말만 하면서 시간과 자원을 낭비하게 한다. 구성원의 사기가 떨어지는 것은 당연지사다. 리더의 전문성은 구성원의 신뢰와 좋은 평판을 이끌어내는 바탕이다.

둘째, 일관된 태도다. 감정이 자신의 태도가 되지 않도록 관리해야 한다. 개인적으로 가장 견디기 힘들었던 상사는 감정이 오락가락해서 어느 장단에 맞추어야 할지 모르는 상사다. 기분이 좋을 때는 모든 것을 수용해주다가도 기분이 나쁠 때는 한없이 날카롭다면 신뢰를 주지 못한다. 구성원들이 눈치 보는 강아지가 되어 리더의 행동을 예측하는 데만 전전긍긍하게 된다. 일관성의 또 다른 면은 '언행일치'다. 리더는 실행 가능한 약속만 해야 한다. 실무자가 납기를 지키듯이, 리더라면 지킬 수 없는 것은 말하지 말아야 한다. 힘들어하는 박대리에게 김팀장은 다음 달부터 팀 내 직무 순환을 해주겠다고 약속했다. 그런데 다음 달이 되고, 그 다음 달이 되어도 약속은 실현되지 않았다. 선배들은 말한다. "진짜 그 말을 믿었니?"라고. "진짜 그 말을 믿었니?"라는 말 한 마디에 김팀장에 대한 구성원들의 인식과 평판이 들어 있다. 결국 박대리는 온힘을 다해 김팀장에게 소리친다. '팀장님, 언행일치 하십시오!'라고. 물론 현실이 아니라 마음속에서만.

셋째, 온라인에서의 평판을 관리해야 한다. 온라인에서의 평판이란 온라인상에서의 족적을 관리해야 한다는 의미다. 온라인상의 족적은 SNS 그리고 구글링으로 관리해야 한다. 한 임원은 수시로 직원들의 SNS를 찾아 염탐하곤 했다. 안타깝게도 그의 팀원은 개인 SNS에 엄청난 실수를 저질렀었는데 그게 그 팀원의 회사 생활을 힘들게 했다. 리더의 자질에 대한 칼럼을 스크랩해놓고 댓글에 '완전 공감. 팀장 때문에 너무 힘이 드네. 팀장이 한 번 읽었으면'이라 남겨두었는데 댓글이 현실이 되었다. 그 이후로 이 팀원은 임원의 눈총과 분노를 받아내느라 입사 이래 최대의 위기를 맞이했다. 상사뿐만 아니라 이제는 채용 과정에서도 SNS를 확인해 그 사람의 이면을 확인하고 혹시 모를 사태에 대비한다. 틈틈이 구글 검색창에 자신의 휴대폰 번호, 이메일 계정, 소속과 이름을 검색해볼 필요가 있다. 자신도 인지하지 못했던 정보들이 불쑥 튀어나오거나, 과거에 달았던 악플이 있다면 당황하지 말고 조용히 정리하자. 복잡계 과학의 창시자, KAIST 정하웅 교수는 말했다. "구글 신은 모든 것을 알고 있다"고.

2

존재감을 높여주는 반전 매력의 힘

임원이 되기 위해 '일 잘하는 능력'은 기본이다. 일 잘하는 사람은 차고 넘쳐나니까 기업은 일 잘하는 사람 중에서 핵심인재라는 옥석을 고르기 위해 고심한다. 일 잘하는 것만으로는 임원승진을 논하는 인사 세션에서 '나'를 돌출시킬 수 없다. 중요한 자리에 내 이름과 얼굴이 오르락내리락 하도록 나를 각인시키는 게 문제다. 어떻게 내 존재를 각인시킬 수 있을까?

그간 만난 사람들 중에서 유독 기억에 남는 사람이 있는가. 기억에 남는 광고, 물건이 있는가. 즉각 뇌리를 스치는 그것들의 특징은 두 가지다. 강렬하게 오감을 자극했거나, 혹은 보란 듯이 예상을 벗어난 의외의 현상이었거나. 모두가 피라미드의 상층부를 향해 달려가는 현실에서 그저 'One of them'이 되어서는 별이 될 수 없다. 조직에 내가 존재한다는 존재감을 각인시켜야 한다. 필요한 것은? 바로 '의외성'이다. 상대방에게 강렬한 인상을 남기고 싶다면 '의외성'을 활용해야 한다. 기존의 생각이나 예측 가능한 선을 벗어나야 한다. 의외성, 반전 매력 있는 사람이 상대방의 뇌리를 가장 먼저 점유한다.

상대방 머릿속의 도식을 깨야 각인된다

착! 달라붙는 메시지 메이킹의 대가이자 조직 행동 전문가, 칩 히스와 댄 히스는 저서 『스틱 Made to Stick: Why Some Ideas Survive and Others Die』에서 다음과 같이 말한다.

> "도식을 깨면 사람들에게 놀라움(의외성)을 심어줄 수 있다. 내 기존 도식이 깨졌다는 것을 깨닫게 되면 사람들은 그 사이에 지식의 공백(호기심)이 생긴다. 그 후 그들은 그 공백을 채우기 위해 안달 난 사람이 된다."

반전 매력으로 어필하는 것은 상대방의 머릿속에 자리 잡은 도식을 깨는 행위다. '이 사람은 이럴 것이다'는 관념을 부수는 것이다. 칩 히스와 댄 히스의 말대로 기존의 도식을 깨야 호기심이 생긴다. 개봉하는 영화만 보아도 그렇다. 반전 없이 흥행하는 영화는 없다. 세상의 경쟁은 날로 심화되어 간다. 식스센스급의 반전은 아니더라도 반전 없이는 생존하기 힘든 시대다.

조직도 마찬가지다. 그저 그런 기획안, 누구나 알 만한 제도 앞에 상사들은 혀를 내두른다. 일을 하면서 가장 괴로울 때는 "뭐 엄청나게 새로운 것 좀 없어?"를 외치는 상사와 마주할 때다. 그들의 머릿속 도식을 깨고 새로운 것, 참신한 것, 기존의 허점을 찌르는 포인트를 대령해야 인정받는다. 사람도 그렇다. 예측 가능한 사람에게는 호기심이 생기지 않는다. 면접관들은 말한다. 모범생 인상착의로 모범답안만을 읊는 '예측 가능한' 지원자에게는 그다지 구미가 당기지 않는다고. 큰 조직에서 임원 타이틀을 쥐는 것도 다르지 않다. 인사 자력서에 보이는 스펙 말고, 옆 팀 팀장도 가진 여러 줄의 프로젝트 이력 말고, 나만의 존재감을 각인시킬 한 방이 필요하다. 인간적인 호기심을 불러일으키는 것은 의외성, 반전 매력이다.

반전 이미지를 설계하라

옷차림이 비범한 조상무. 우연히 길에서 그를 마주친다면, 사람들은 그를 패션업계 종사자 혹은 노련한 디자이너로 착각한다. 그가 보수적이기로 소문난 조직의 전략담당 임원이라는 사실을 알고 나서는 저마다 놀라움을 감추지 못한다. 조상무는 늘 이미지를 중요시했다. 월요일 오전 회의시간에는 늘 주말 동안 압구정에 있는 백화점과 수제화 거리에 다녀온 이야기로 입을 뗐다. 월요병에 짓눌린 젊은 직원들의 호기심을 자극하고 덩달아 회의실 공기를 가볍게 했다. 조상무의 착장 하나하나에는 모두 스토리가 있다. 가죽 필통하나, 펜 한 자루까지 허투루 그냥 산 것이 없다. 옆 팀에 옷잘 입기로 정평 난 젊은 대리는 늘 조상무의 관심을 한 몸에 받았다. 신세대가 착용하는 아이템, 요즘 유행하는 핫템, 잘 어울리는 컬러매치와 브랜드에 대한 질문을 즐겁게 받아냈다.

조상무가 조직에서 유명한 이유는 반전 매력이 있었기 때문이다. 사무실에 인상 쓰고 앉은 호랑이 같은 꼰대가 아니라는 사실만으로도 조직에서 조상무의 존재감은 확실했다. '임원' 하면 떠오르는 이미지를 그려보자. 오버핏의 검은 정장에 반짝반짝 회사 배지를 단 중후한 남자다. 반면 임원 같지 않은 임원, 자유분방한 예술인을 연상케 하면서도 조직의 전략을 논한다는 반전 있는 스토리. 이것이 조상무 존재감의 이유다.

딱 선생님처럼 생긴 선생님은 흥미를 주지 못한다. 직업, 직무에 대해 일반 대중들의 고착화된 이미지를 탈피하는 것이 존재감을 각인시키는 첫 번째 원칙이다. 굉장히 수줍어 보이는데 프레젠테이션을 멋들어지게 끝내는 사람, 공부에는 관심이 1도 없어 보이는데 서울대 출신이라는 사실이 알려진다면, 타인에게 쉽게 기억된다. 의외의 군필, 의외의 몸매, 의외의 능력을 가진 연예인에 대한 포스팅이 인터넷의 스테디셀러이듯 의외의 이미지는 사람들 사이에 쉽게 회자된다.

반전 이미지는 다양한 방법으로 설계할 수 있다. 정적인 업무를 수행하는 데 다이내믹한 레포츠를 즐기는 의외의 취미로, 우아하고 럭셔리한 이미지의 대명사이면서 붕어빵을 지나칠 수 없는 소탈한 취향으로, 굵직한 M&A를 척척 처리해내는 냉철한 임원이면서 후배들의 말에는 진정으로 웃어주는 뜻밖의 반응으로 설계할 수 있다. 자신의 외모, 남이 보는 이미지, 자신의 직무를 객관적으로 바라보고 반전 이미지를 설계하는 것, 타인에게 존재를 각인시키기에 손쉬운 전략이다.

반전 메시지를 설계하라

프로젝트를 수행하며 알게 된 한 컨설팅사의 대표이사. 그는 굴지의 대기업 회장과 같은 이름을 가지고 있었다. 대표의 이름은 한 번 들으면 누구나 아는 그 이름이었기에 이름 덕을 톡톡히 봤다. 몇 년이 지난 지금도 기억에 남는 이유는 그가 자신의 이름을 각인시키는 데 능숙했기 때문이다. 명함을 주며 '대표이사 아무개입니다'라고 하는 멘트는 진부하다. 자신만의 독자적인 스토리와 재치로 이름을 설명한 덕에 수년이 지난 지금도 그 이름을 들으면 S사의 회장보다 대표이사의 얼굴이 먼저 떠오른다.

사회문화평론가 김민섭의 칼럼을 살펴보자. 큰 학회, 컨퍼런스, 회의 등에서 환영사를 맡은 의장은 으레 같은 이야기를 하기 마련이다. 초등학교 때 발밑의 모래알에 집중하게 했던 교장 선생님의 훈화말씀처럼 말이다. 그런데 어느 학회장은 환영사에서 이렇게 말했다.

"중년에는 세 가지 업up을 해야 한다고 합니다. 옷을 잘 차려입는 드레스업dress up, 지갑을 여는 페이업pay up, 말을 줄이는 셧업shut up. 오늘 여러분을 만나기 위해 드레스업을 해보았습니다. 오늘 입은 옷이 좀 괜찮은가요? 어딜 가도 돈을 잘 내야 한다고 해서 준비했는데요, 끝나고 뒤풀이 하는

데 보태세요(봉투를 내밀며 페이업), 마지막으로 좋은 어른이 되기 위해서 이만 내려가겠습니다(셧업), 감사합니다."

담당자의 권유가 없어도 발끝부터 우러나온 박수와 웃음이 터져 나왔다. 이것이 반전 메시지다. 청자의 예상을 벗어나는 재치와 멘트, 게다가 짧고 강렬하기까지 하니 금상첨화다. 직장인의 하루를 살펴보면 8할이 커뮤니케이션이다. 직위가 올라갈수록 그 비중은 더욱 커진다. 평범하게 말을 잘하는 사람은 각인될 수 없다. 구성원 머릿속 기억의 사다리 위에 올라타려면 반전 메시지를 던져야 한다.

3

3M과 GE 그리고 빌게이츠를
최고로 만든 디로딩 효과

직장인 커뮤니티에 자주 올라오는 글의 패턴은 이렇다.

질문
업무 틈틈이 비는 시간에 뭘 해야 하나요?

베플
업무와 관련된 자료를 찾아 읽으세요.

상사들의 눈이란 게 그렇다. 업무의 공백기에도 업무 유관 자료를 찾아 읽고 있어야 '딴짓하지 않는 개념사원'으로 등극한다. 쇼핑몰을 구경하거나, 뉴스를 읽거나, 책을 잠간 펴보는 사원에게 "너 할 일 없니?"와 같은 워딩을 내뱉은 적 있는 상사라면 가슴에 손을 얹고 반성하길 바란다.

세계를 뒤흔든 방탄소년단은 한 달여 간 장기휴식을 가졌다. 사람들은 환호했다. 그들의 소속사는 팬덤의 감사와 칭찬을 온몸으로 받았다. 쉴 새 없이 몰아치는 것만이 능사가 아님을 적어도 밀레니얼세대는 안다. 휴식기가 더 나은 퍼포먼스의 원천이 될 것이라고 믿는다. '뚜루 뚜~ 뚜루 뚜~ 뚜루 뚜~' 한 번 들으면 헤어나올 수 없는 노래, 〈Dejavu〉의 중독성 있는 멜로디를 작곡한 뉴이스트 백호도 말했다. 사이판에서 휴식하는 중에 멋진 멜로디가 탄생했다고. 새로운 것을 창조해야 살아남는 아티스트들도 입을 모은다. 휴식이 최고의 생산성을 가져다준다고 말이다. 아직도 업무 외의 행동에 반기를 드는 직장인이라면 반드시 알아야 한다. 업무 외의 행동이 3M과 GE, 그리고 빌게이츠를 최고로 만든 힘이라는 것을.

'스트레스, 번아웃, 희생 증후군', 개나 줘버립시다

직장인과 스트레스는 떼려야 뗄 수 없다. 어깨에 피로곰 몇 마리는 달고 다녀야 직장인 대접받는다. 커피를 전혀 입에 대지 않던 사람이 모닝커피 없이는 생존하지 못하는 사람으로 진화하기도 한다. 일에 파묻혀 번아웃 되는 경우도 여럿 보았다. 육체적, 신체적, 정신적으로 무너져 모든 것을 놓아버리고 그야말로 '박차고' 뛰쳐나가는 사례 말이다.

과거 S사에서 근무할 때 역삼동의 한 신경정신과를 찾은 적이 있다. 의사는 증상을 듣더니 아묻따(아무것도 묻지도 따지지도 않고) 짧은 피드백만 돌려주었다. "다 필요 없고 약 먹으면 금방 다 나아요, 여기 오는 사람들 죄다 직장인들입니다." 약을 먹으니 정말 기분이 좋아지고 우울함이 사라졌다. 역삼동 인근의 직장인들은 알게 모르게 신비의 묘약 세 알을 꿀꺽하며 하루하루를 살아내고 있었다.

직장인이 스트레스, 번아웃에 빠지는 이유는 성과에 매몰되었기 때문이다. '희생 증후군Sacrifice syndrome'을 경계해야 한다. 조직에서 권력 스트레스는 필연적이다. 희생 증후군은 스트레스를 벗어나고자 개인적 희생을 감내하고 고군분투하지만, 상황은 계속 나빠지기만 하는 현상이다. 직장인에게 스트레스, 번아웃, 희생 증후군은 감기처럼 앓는 연례행사다. 코감기를 방치하면 중이염이 오고 만성질환으로 자리 잡듯이 스트레스, 번아웃을 극복하지 못하면 도태된다.

조직의 기대와 관심을 한 몸에 받던 김차장이 대기업을 뒤로한 채 자연인의 길로 들어간 이유도 스트레스와 건강이었다. 데이터와 씨름해야 하는 직무의 특성도 한몫했다. 그는 어깨 위, 눈꺼풀 위, 머릿속에 쌓여가는 피로곰을 제 때에 쳐내지 못한 탓이라고 말했다. 그는 오프 더 레코드로 커피잔을 기울이며 털어놓았다. 이제 내려놓고 싶다고. 건강 이상의 신호를 감지하면 이미 경과가 진행된 경우가 많다. 멀리 보지 못하고 판단력도 흐려진다.

캐나다에서 벌목하는 사람들은 수많은 통나무를 강에 띄우기 위해 강가에 쌓아둔다. 너무 많은 통나무를 한꺼번에 떠나보내려고 하면 서로 뒤엉켜 떠내려가지 못한다. 뒤죽박죽 얽히고설켜 막힌 병목 상태가 되는데, 이를 로그잼Logjam 현상이라고 한다. 직장 생활이, 업무가, 인간관계가 로그잼 상태가 되는 경우가 많다면 내려놓아야 한다. 일상생활딴짓연구소 소장 김충만 작가는 말한다. 일상의 로그잼 상태를 해소하고 복잡한 문제들이 유유히 풀리게 하려면 딴짓이 답이라고 말이다. 휴식과 여백이 있어야 생각과 감정이 해소된다고 강조한다.

컨설팅 업계에 오래 몸담은 사람들은 말한다. "넌 연속 15시간 일해봤어? 새벽 3시에 퇴근했다가 샤워만 하고 다시 출근해봤어? 밤샘 3일 해봤어? 우린 퇴근할 때 인사말이 '내일 봐요'가 아니라 '이따 봐요'야." 이들은 이러한 것들을 치열한 직업 세계에서 얻은 전리품이자, 어렵게 얻은 귀한 훈장으로 여긴다. 그렇게 일해야 높은 몸값에 부응하는 성취를 해내는 승리자가 된 것만 같다. 하지만 시대가 달라졌다. 주 52시간 근무제를 차치하고서라도 이제 '월화수목금금금'을 열심히 사는 직장인의 필요조건으로 여기는 시대는 끝났다. 치열하게 몰아치기만 하는 직장인은 금세 번아웃에 빠진다. 그러고는 모든 것을 내려놓는다. 아니, 내려놓을 수밖에 없는 상황으로 내몰린다. 제주도 한 달 살기처럼 섣불리 실천하기 어려운 형태의 쉼이 아니어도 좋다. 잠깐의 커피타임, 수다, 명상, 인터넷 쇼핑, 화장 고치기, 덕질처럼 저마다의 소소한 행복이 필요하다.

디로딩하는 자, 리더가 되리라

기존에 없던 것을 창조해야만 하는 사람들이 있다. 시인, 카피라이터, 작가, 새로운 마케팅 기법이나 제품을 기획하는 사람들이다. 이들이 가장 자주 받는 질문은 뭘까? "어떨 때 영감이 떠오르시나요? 새로운 것을 만드는 노하우가 있나요?"다. 이미 예상했겠지만 그들의 답은 한결같다. "걷고, 샤워하고, 잠잘 때 아이디어가 떠올라요"다.

아인슈타인은 샤워할 때, 스티브 잡스는 산책을 하면

서 영감을 받는다고 했다. 빌게이츠는 1년에 두 번 생각 주간Think Week 을 갖는다. 많은 국내 CEO들의 귀감이 된 이나모리 가즈오 역시 명상을 생활화한다. 사무실 책상을 붙들고 앉아 오매불망 아이디어와 영감을 접신하기만 기다리는 건 바보짓이다. 영감은 오히려 잠깐 일에서 벗어나 뇌에 휴식을 줄 때 더 잘 떠오른다. 잠자리Bed, 버스Bus, 샤워부스Bath 안에서의 생산성을 일컬어 3B라 부르는 사람도 있다.

디로딩Deloading 을 하는 사람들이 리더가 되는 이유는 생산성이 높기 때문이다. 낯선 것들과의 융합, 통섭이 강조되는 4차 산업혁명 시대에는 더더욱 그렇다. 다양한 경험과 정보를 융합하는 능력, 이를 위해서는 수많은 정보의 인풋Input 과 업무에서의 이탈이 허용되어야 한다. 사무실에 앉아 있는 것보다 밖을 한 바퀴 산책하고 들어오는 것만으로도 창의적 결과물은 60% 증가한다. 애플의 스티브 잡스, 페이스북의 마크 저커버그도 걸으며 면접하고 회의하는 것으로 유명하다. 여기 호주 멜버른 대학교 브렌트 코커Brent Coker 박사의 흥미로운 연구 결과가 있다. 업무 시간의 20%를 인터넷 서핑에 할애했더니 오히려 생산성이 9% 증가했다. 브렌트 코커 박사는 업무에 약간의 이탈 과정이 반드시 필요하다고 강조한다. 잠깐의 이탈이 심신의 안정을 가져오고, 집중력 향상으로 이어진다는 것이다. 하염없이 업무 자료만 바라봐도 답을 얻지 못한 경험은 누구에게나 있다. 업무를 가장하여 인터넷 하는 직장인들의 사소한 즐거움, 사이버 로핑cyberloafing을 통제하는 것만이 능사는 아니다.

다행스럽게도 직원들의 합법적인 딴짓을 허용하는 기업이 늘고 있다. 이미 오래 전부터 3M은 창의성 향상을 위해 '15% Free' 룰을 시행하고 있다. 업무 시간 중 15%는 직무를 떠나 자유로이 개인 프로젝트(딴짓)를 할 수 있게 보장한다. GE 역시 'Unstructured Time'을 운영하며 업무와 무관한 생각을 할 수 있도록 한다. 넷플릭스도 원하는 만큼 휴가를 쓸 수 있는 무제한 휴가제를 운영한다. 구글에서 가장 인기 있는 교육 프로그램도 명상하며 자신을 돌아보는 SIYSearch Inside Yourself, 자기 성찰로 알려져 있다. 국내에서도 '잘 노는 것도 업무다'를 기치로 삼아 '오피스 프리데이'를 운영하는 기업이 있는가 하면, 놀이문화를 사무실에 도입하여 잠깐의 이탈을 지원하는 풍토가 조성되고 있다.

우리 회사엔 그런 제도가 없다고 마냥 슬퍼하면 손해다. 스스로 디로딩 시간을 운영하면 된다. 나만의 시에스타(낮잠) 제도를 만들어 잠깐 눈을 붙이고 명상하거나, 하루 15분 생각 없이 빈둥대기 시간을 만들어도 좋다. 간단한 일기를 쓰거나, 산책하기, 하루 한 편 웹툰 보기도 좋다. 잠깐의 이탈이 흐려진 판단력을 높여준다. 그리고 창의성과 생산성을 높인다는 사실은 연구결과로도 증명되었다. 잠깐 스쳐 지나간 정보들이 새로운 융합의 원천이 된다. 창의성, 생산성 높은 사람, 더 나은 의사결정을 하는 자가 리더가 됨은 당연지사다.

4

정말 관리할 것은 실적이 아닌 감정이다

전상무의 별명은 '미스터홀리Mr. Holy'다. 흔한 대기업 임원의 이미지와는 정반대다. 전상무를 만난 이들은 화려한 이력과 달리 그의 인상을 '유하다, 부드럽다, 온화하다'고 평가한다. 교회에서 장로인 그의 종교 생활도 한몫했지만 전상무 자신의 가치관 때문이다. 어딜 가도 사람이 중심이라는 전상무는 조직원의 마음 관리에 힘을 쏟는다. 전상무가 수장으로 있는 자금팀은 일이 많기로 유명하다. 일이 몰리는 시즌이 다가오면 전상무는 외부 미팅과 저녁 약속을 마치고도 집이 아닌 사무실을 먼저 찾는다. 사무실에서 야근하는 멤버 수를 센 후 근처 파란 빵집으로 향한다. 야근 멤버 수만큼 롤케익을 잔뜩 사와 인당 한 개씩 나눠준다. 롤케익을 받은 횟수가 많을수록, 롤케익을 지겨워할수록 야근을 많이 했다는 증거다. 전상무는 리더들이 모인 자리에서 말했다. 치열하게 보낸 하루를 마치고 공허한 마음으로 집에 가지 않도록 손에 하나라도 들려 보내고 싶다고.

시간이 흘러 전상무는 그를 원하는 또 다른 자리로 옮겨갔고, 자금팀에는 새로운 수장이 등장했다. 돈을 다루는 조직은 여전히 엄격하고 무겁다. 직원들은 바스락거리는 눈에 인공눈물 세 방울을 투척하며 회상한다. 옆자리 임과장을 향해 '넌 롤케익 몇 번 먹어봤어?' 하며 웃는다. 고작 빵하나가 무슨 의미냐고 묻는 이에게 직원들은 말한다. 메마르다 못해 쫙쫙 갈라진 재무인의 삶에 한 줄기 촉촉한 비였다고. 구관이 명관이라고 말이다. 빵은 수단일 뿐, 미안함과 힘듦에 대한 '공감의 표현'이었음을 직원들은 안다.

리더에게 진짜 필요한 이것

근래에 입사한 주니어 직원들은 '싫존주의자'다. 철학 시간에 배운 그 실존주의 아니냐고 묻는다면, 다음은 말하지 않겠다. '싫'어하는 것도 좀 '존'중해 달라는 '주의'가 '싫존주의’다. 휴가 사유를 말하기 싫은 것, 상사와의 등산은 의미 없으니 가기 싫은 것, 내 돈 주고 먹을 수 있는 걸 먹는 회식은 가기 싫은 것도 존중해달라는 외침이다. 그간 세상을 이끌던 리더들은 성과주의자였다. 아니, 리더가 되고 나서 오로지 성과만 보게 됐을지 모른다. 성과는 똑똑하고 일에만 매몰된 사람, 이성적으로 사고할 수 있는 사람의 전유물로 생각했다. 리더에 대한 편견에 경종을 울리는 연구 결과들은 리더십의 흐름을 바꿨다. 성과를 창출하는 리더는 이성보다 감성의 지배를 받으며 감성지능이 높다고.

『CEO가 되는 길Lessons from the Top』에서는 '시장을 이끄는 성공한 리더 50명의 15가지 공통 자질'을 분류했다. 그런데 리더들의 자질 중 지적 능력, 기술과 관련된 것은 고작 3가지뿐이다. 나머지 12가지는 소프트스킬, 즉 감성지능EI, Emotional Intelligence에 관한 것들이다. 그동안 강조됐던 기억력, 이해력, 계산력, 추리력과 같은 하드스킬은 중요도가 낮아졌다. 사람의 마음을 이해하고, 공감하고, 자기 감정을 통제하는 의자와 태도 등의 소프트스킬에 힘이 실린다.

다니엘 골만Daniel Goleman의 연구도 그렇다. 리더십은 지적, 기술적 능력보다 감성지능에 좌우된다는 것이다. 80%의 감성과 20%의 지능이 조화를 이루어야 한다. 지능IQ보다 감성 지능EI이 승진에 더 기여한다는 연구 결과도 있다.

왜 소프트스킬일까? 조직에서의 일도 결국 사람이 하는 일이기 때문이다. 아무리 AI가 위대하다 한들, 기준을 만드는 것도 사람이고 최종 선택을 하는 것도 사람이다. 기업을 휘청하게 만드는 과실 역시 사람이 만드는 휴먼에러Human error인 경우가 많다. 사람에게 행동 지령을 내리는 것은 두뇌다. 똑똑하고 신비한 우리 뇌는 타인의 반응에 대응하도록 만들어졌다. 정확히 말하면 다른 사람의 정서적 반응에 행동하고 대응한다. 리더가 구성원의 정서와 감정을 관리해야 하는 이유가 바로 여기에 있다. 사람의 행동을 유도하려면 정서와 감정을 관리해야 한다.

감성지능EI을 탑재하라

성과를 내는 리더가 되려면 소프트스킬을 장착해야 한다. 핵심은 감성지능을 높이는 것이다. 감성지능은 '자신의 감정을 잘 다스리는 능력'과 '상대의 입장을 이해하고 타인과 좋은 관계Good Relationship를 유지하는 능력'을 말한다.

감성지능을 갖기 위해서는 다섯 가지를 챙기면 된다.

첫째, 자아인식능력Self Awareness이다. 자신을 아는 것이 먼저다. 조직에서 자신의 감정, 기분, 취향이 타인에게 어떤 영향을 주는지 인식하는 것이다. 자아인식능력을 지닌 리더는 매사에 강한 자신감을 보이며, 유머 감각을 지녔다. 그리고 결코 먼저 충고하지 않는다. 조직원이 한 마디를 하면 세 마디의 충고로 돌려주는 리더가 있다. 자신의 말과 행동, 말에 담긴 감정이 조직원에게 어떤 영향을 끼치는지 알지 못하기 때문이다. 고충을 토로하는 부하 직원에게 "그건 아니지" 따위의 말을 해서는 안 된다. 섣부른 가치판단을 멈추고 끄덕끄덕, "힘들었겠네"라며 공감해주면 될 일이다.

둘째, 자기관리능력Self Regulation 이다. 부정적인 충동, 나쁜 기분을 스스로 통제하는 능력이다. 전문가들은 행동하기 전, 마음속으로 3초를 세는 연습을 거듭하라고 조언한다. 부정적인 감정과 기분이 곧 태도가 되지 않도록 관리하라는 의미다. 문제를 해결하는 데 자신의 감정이 방해가 된다면, 감정을 제쳐두어야 한다. 감정 관리에 취약한 리더와 일해본 적이 있는 사람은 안다. 매일 매일이 빙하기라는 것을. 말을 했을 때, 보고를 했을 때 어떤 반응이 돌아올지 몰라서 전전긍긍해야 한다. 생산적인 일을 고민하기보다 리더의 심기를 거스르지 않기 위해 눈치 보는 게 일상이다. 리더가 감정을 통제하지 못하고 버럭 하면 구성원의 심리적 안전감을 파괴한다. 심리적 안전감이 사라지는 순간 유능한 직원은 "Say, Goodbye"를 외친다. 조직은 늘 불안하다.

셋째, 동기부여능력Self Motivation 이다. 도전적인 과업을 마주했을 때, 실패했을 때 낙관적인 태도를 갖는 것이 먼저다. 스스로 동기를 부여하는 사람은 장애물을 뛰어넘는다. 성공적으로 마치려는 열정을 유지한다.

넷째, 타인의식능력Social Awareness 이다. 감정을 느끼는 데 능숙해지라는 이야기다. 모름지기 리더라면 다른 사람의 감정에 관심을 가져야 한다. 유독 구성원의 표정을 읽는 데 능한 리더가 있다. 여성 리더의 강점으로도 일컬어진다. 감정을 먼저 이해하고 대응하면 결과가 다르다.

다섯째, 타인관리능력Social Skill 이다. 조직에서 인간관계를 형성하고 관리하는 능력, 갈등을 관리하고 팀워크를 만드는 능력이다. 구성원은 로봇이나 인공지능이 아니다. A를 입력하면 A'를 산출해내는 기계가 아니다. 그들의 행동을 유도하려면 감성을 터치해야 한다. 한국인은 정情이 있다면서 말하지 않아도 안다고 자신하지 말자. 감정과 정서는 표현해야만 안다. 가족보다 긴 시간을 함께하는 사람들에게 업무 문자 대신 감성을 터치하는 메시지를 보내본 적이 있는지 돌아볼 일이다. 변덕스런 날씨에 보낸 건강기원 메시지하나로 사장의 눈에 드는 직원도 있다. 너도나도 메마른 직장생활에 물을 주는 사람이 절실하다. 리더를 꿈꾸는 사람이 관리해야 할 것은 실적이 아니라 감정이다.

V

피터의 법칙을 아는가? 유능한 사람도 계속 승진하다 보면
능력의 한계를 맞이한다는 법칙이다. 이런 법칙을 귀에 못 박히게
들은 임원은 생각한다. 능력의 한계가 드러나는 순간이 지금은
아니었으면 한다고. 세상에 임원은 많다. 하지만 그 중 좋은 임원은
앞을 보고 나아간다.

'좋은 임원'이 된다는 것

1

좋은 임원은 '성공함정'을 경계한다

소설 『거울나라의 앨리스』 속 앨리스는 붉은 여왕과 함께 열심히 달린다. 달리고 또 달려도 앞으로 나아가지 못한다. 늘 제자리다. 앨리스가 달리는 만큼 세상도 열심히 움직이고 있기 때문이다. 조직에서 열심히 달리는 리더가 되고 싶다면, '임원 인사 발표'와 함께 따뜻한 12월을 맞이하고 싶다면, 버릴 게 하나 있다. 바로 과거의 성공 경험이다. 과거의 성공 경험에 의지한 채 자신만만하다면 금세 거울나라의 앨리스가 된다. 재계를 주름잡는 모 그룹 회장도 크게 성공한 사람이 크게 망한다고 경고한다. 좋은 임원의 금기어는 다름 아닌 '내가 다 해봐서 아는데'다.

과거의 성공 경험을 버려야 하는 이유

누구라도 성공했던 경험을 반복하고 싶은 유혹은 뿌리치기 힘들다. 성공한 리더일수록 더 그렇다. 수차례의 성취 경험이 반복되면서 피라미드 상층부에 올라갔다면, 사용했던 방법의 효과성이 증명됐다고 믿게 된다. 그래서 앞으로 마주하는 문제들도 동일한 방법으로 해결하면 풀린다는 착각에 사로잡힌다. 이른바 '성공함정Success Trap'에 빠지는 것이다. 성공한 기업들은 성공을 만들어준 방법, 전략, 문제해결 방법에 광적으로 집착한다. 결국 변화하는 시장의 요구에 부응하지 못한 채 몰락한다.

좋은 임원은 과감히 과거의 경험을 떨쳐내는 임원이다. 경험은 자산인 동시에 임원의 의사결정을 방해하는 덫이다. 20년 이상 쌓아온 업무 관련 지식, 산업 지식, 교육을 통해 만들어진 '전문가의 눈'으로만 세상을 바라보면 정작 중요한 것은 놓치고 만다.

과거의 경험을 잊어야 하는 이유는 두 가지다. 가장 큰 이유는 혁신하고 바꾸려는 의지가 약해지기 때문이다. 관성의 법칙을 아는가? 운동하는 물체는 계속 처음과 같은 운동 상태를 유지하려 한다. 같은 법칙이 리더에게도 적용된다. 그래서 변화하지 않고 동일한 방법만을 답습하려는 의지가 생기며, 정작 현실은 바뀌었는데 방법을 바꿀 생각은 하지 못한다. 아니, 군이 새로운 방법을 적용할 이유 자체를 떠올리지 못하며 과거의 성공 경험을 사고의 중심에 놓고 현재 상황과 유사성을 찾는 데만 급급하다. 좋은 임원은 습관처럼 굳어진 자신만의 업무 패턴을 버리기 위해 부단히 노력한다. 싸이에게는 세계를 강타한 두 번째 '강남 스타일'이 없었다. 혁신하지 못한 기업이 몰락하듯이, 경험에 갇힌 임원에게는 성과도 재계약도 없다.

과거의 경험을 버려야 하는 두 번째 이유는 성공 경험에 대한 기억이 정확하지 않기 때문이다. 10년 전 퇴사한 회사가 그리운 이유는 기억이 긍정적으로 왜곡됐기 때문이다. 뒤도 안 돌아보고 짐 싸게 만들었던 그때의 이유와 감정을 자세하게 기억하는 사람은 그리 많지 않다. 오히려 소수의 좋은 점만 선택적으로 기억에 남아 '그 정도면 괜찮은 회사였지'라는 정반대의 이미지를 만든다. 그림자도 보기 싫었던 상사에 대한 기억은 10년 후 '그렇게 나쁜 사람은 아니었는데'로 둔갑한다. 우리 뇌는 긍정적인 사례만 선택적으로 편집하고 기억한다. 임원의 머릿속에 든 '내가 왕년에 말이야~'와 같은 성공경험은 정확한 기억이 아니다. 좋은 것만 선택적으로 남긴 변질된 기억이다.

내 안의 경험 흔적을 지우는 임원

좋은 임원은 내 안에 깊이 자리한 경험 흔적을 과감히 지운다. 방법도 있다. 바로 '외부인 관점outsider perspectives'을 이용하는 것이다. 임원은 내부 사정을 잘 알기에 더더욱 경험에 갇힌다. 성공한 임원일수록 경로 의존성이 강해진다. 남의 이야기는 듣지 않고 귀를 막는다. 이때 필요한 것이 외부인 관점이다. 외부인은 객관성을 유지하면서 돌아가는 바깥상황을 생생히 전달할 수 있는 사람이다. 임원 스스로 외부인을 자처해 관점을 바꾸기란 어렵다. 문제 해결이 필요할 때 진짜 외부인의 의견을 구하는 것이 방법이다. 주의할 점은 이해관계가 없는 외부인을 선정해야 하는 것과 외부인에게 답변을 한 방향으로 유도하는 질문을 삼가는 것이다.

연구자가 질적 연구할 때 쓰는 삼각검증법Triangulation 을 활용하기도 한다. 연구자는 반드시 연구의 타당성을 검증하는 절차를 갖는다. 주로 통계기법을 활용하지 않는 질적 연구에서 삼각검증법을 활용한다. 연구는 연구자가 세운 가설을 검증하는 과정이다. 조직에서 문제를 해결하는 것과 결이 같다. 먼저 시간, 공간, 사람을 달리해 자료를 검증하는 방법이 있다. 각기 다른 시간대에서 관찰해 분석하고, 다른 장소에서 현상을 바라보는 과정을 거친다. 이후 문제해결에 다른 사람을 개입시키는 과정을 거친다. 이를테면 세 명의 연구자가 각각 자료수집, 검색, 분석, 결론도출에 관여해 단독 수행에 따른 편견을 최소화한다. 좋은 임원은 의사결정에 삼각검증법을 활용해 주관성을 배제하고자 노력한다.

새 술은 새 부대에 담으라고 했다. 영원히 통하는 성공 방식은 없다.

2

좋은 임원은 '업무 자신감'을
조심히 표현한다

삶은 고민의 연속이다. 시간이 흘러도 지금의 고민은 또 다른 고민으로 옮겨갈 뿐이다. 한 단계 한 단계 승진하면서 받은 꽃이 시들기도 전에 또 다른 고충이 생긴다. 피라미드의 상층부에 오를수록 바라보는 눈은 두 배가 된다. 임원의 탄생을 앞두고 전문가들은 말을 얹는다. 갓 임원에 올랐다면, 반드시 단기간에 성과를 보여줘야 한다고 말이다.

　좋은 임원을 꿈꾼다면, 승진의 단계마다 '소포모어 징크스sophomore jinx'를 깨야 한다. 2년차 징크스라고도 불리는 소포모어 징크스는 '전편만 한 속편 없다'는 무시무시한 뜻이다. 조직의 기대를 한 몸에 받고 승진하는 영광이 찾아왔는

데 기대만큼 활약하지 못하는 것이 바로 소포모어 징크스다.

피터의 법칙을 아는가? 유능한 사람도 계속 승진하다 보면 능력의 한계를 맞이한다는 법칙이다. 이렇게 능력의 한계를 맞이한 사람이 상층부에 쌓여가기에 조직의 상부는 무능한 사람들로 넘쳐나게 된다. 이런 피터의 법칙을 귀에 못 박히게 들은 임원은 생각한다. 능력의 한계가 드러나는 순간이 지금은 아니었으면 한다고. 조직에서 승진의 기쁨이 가장 클 때는 사원이 대리로 승진했을 때다. '아무개씨'에서 직책자로 등업하는 인생 첫 순간이다. 반면 가장 어려운 승진은 부장이 임원 될 때다. 조직에서 가장 어려운 전환기라 할 수 있다. 이전과 이후로 역할이 180도 바뀌기 때문이다. 내성적인 사람이 임원이 되는 비율이 높은 것을 볼 때, 좋은 임원에게 필요한 것은 배짱이다. 마주하는 비판을 겸허히 받아들일 배짱, 위험을 감수하는 배짱이다. 이미 임원이 된 것만으로도 '근거 있는 자신감'을 갖기 충분하다.

임원들의 에세이를 보면 유독 자주 등장하는 말이 있다. 임원의 부담과 책임이 이토록 클 줄 몰랐다는 이야기다. 이들은 솔직히 몸이 가볍던 옛날이 좋았다고 회고한다. 줄을 타는 곡예사는 밑을 봐선 안 된다. 귀신의 집에 가면 뒤 돌아보지 말아야 한다. 세상에 임원은 많다. 하지만 그 중 좋은 임원은 앞을 보고 나아간다.

단기에 성과를 보여야 하는 이유

좋은 임원은 세 집단을 만족시킨다. 첫째는 임원의 상사다. 말문 튼 아기가 "엄마도 엄마가 있었어?" 하며 놀라워하듯, 임원에게도 상사가 있다. 상무라면 전무가, 전무라면 부사장이, 부사장이면 사장이, 사장이면 부회장, 회장이 그렇다. 같은 상무여도 연차가 다르며 부서의 위계에 따라 직위 고하가 나뉜다. 성과로 선배 임원에게 '옳은 선택을 했다'는 안도감을 선사해야 한다.

둘째, 좋은 임원은 동료 임원들에게 존재감을 입증한다. 동료 임원들에게 '성과를 내는 동료'라는 인식을 심어줘야 다음이 수월하다. 빠른 시간에 임원다운 임원이라는 이미지를 선점해야 한다.

셋째, 좋은 임원은 팀원을 만족시킨다. 성과를 내는 리더 아래 성과를 내는 직원이 있다. 새로운 리더가 부임하면, 직원들은 한 달 이내에 그 리더가 신뢰할 수 있는 리더인지 아닌지 판단을 내린다. 새로운 공헌이나 조직을 위한 활동을 보여주지 않는다면, 그 리더는 신뢰를 얻지 못한다.

이 모든 일을 좋은 임원은 단기간에 해내야 한다. 단기 성과로 '서포모어 징크스'를 깨보여야 한다. 자신감을 표현하는 것은 이후의 일이다.

생각은 조심히, 말은 자신 있게

자신 있어야 한다는 건 알겠는데, 자신감은 어떻게 표현해야 할까. 답은 명쾌하다. "생각은 조심스럽게 하고 말은 자신 있게 하라"다. 가장 효과적인 방법은 '불확실한 상황이나 어려움'에 대해서 자신 있게 말하는 것이다. 업무에 대한 자신감을 과하게 표현해서는 안 된다. 업무에 대한 자신감과 오만은 한 끗 차이다.

유타 대학교 엘리자베스 테니Elizabeth R. Tenny 교수의 연구는 흥미롭다. 피실험자에게 함께 일하고 싶은 사람을 선택하도록 했다. 선택한 사람과 함께 일을 잘 마치면 보상이 주어진다. 업무에 대한 자신감을 말로 표현하는 사람을 화면으로 본 후 선택하게 했다. 한 명은 "저는 이 일을 잘할 수 있습니다!"라고 자신감을 표현했다. 다른 한 명은 "저는 이 일에는 자신이 없습니다"라면서 의기소침했다. 화면을 본 사람들이 첫 번째 사람을 선택했음은 당연하다.

이후 다음 화면에서 피실험자는 사실 두 명 모두 그 일을 잘 못한다는 현실을 보게 된다. 사람들의 반응은 어땠을까? "이 일을 잘할 수 있습니다"라고 자신감을 드러낸 사람을 매우 부족한 사람이라면서 부정적으로 인식했다. 그러면서 차라리 두 번째 사람을 선택하겠다고 말한다.

진짜 실험은 이제부터다. 이어진 실험에서 화면 속 사람들은 자신감을 말로 드러내지 않는다. 그냥 자신의 출신 지역, 취미와 같은 기본 정보만 말한다. 첫 번째 사람은 자기소개를 아주 자신감 넘치게 말한다. 두 번째 사람은 기운 없는 모습으로 자기소개를 한다. 두 명 모두 '일에 대한 능력'은 조금도 말하지 않았다. 이전과 마찬가지로 이어진 화면에서 두 명 모두 실제로 일을 잘하지 못한다는 사실을 보여줬다. 과연 어떤 결과가 나왔을까?

놀랍게도 반응은 달랐다. 참가자들은 자기소개를 자신 있게 한 첫 번째 사람을 여전히 긍정적으로 평가했다. 똑같이 일을 못하는 사람을 보아도 반응이 사뭇 달랐다. "그 일을 잘할 수 있다"고 일에 대해 자신감을 보인 사람은 부정으로 평가했지만, 그냥 일상적인 이야기를 자신 있게 말하는 사람에 대해서는 여전히 긍정적으로 평가한다.

테니 교수 연구의 의미는 이렇다. '일에 대한 과한 자신감Overconfidence'을 자신 있게 표현하는 것은 불신만 낳는다. 오히려 '잘할 수 있는지 불확실하다, 어렵다'는 현실적인 이야기를 자신감 있게 말하면 된다. 일에 대한 생각은 조심스레 표현해야 한다.

우리가 생각하는 흔한 리더의 모습은 이렇다. 이들은 "이 프로젝트는 저만 믿고 따라오세요! 제가 이 분야의 전문가입니다. 이 건은 틀림없이 잘 됩니다"고 표현하는 강한 리더다. 그러나 이런 리더들은 내가 누구인지, 무엇을 추구하는지, 일에 대한 자신감을 당당하게 밝혀야 하는 강박에 사로잡혀 있다. 지금도 수많은 리더가 일에 대한 자신감을 드러낼 '훈화 말씀'을 줄줄 적고 있을지 모른다. 하지만 좋은 임원은 일에 대한 자신감은 과하게 드러내지 않는다. 일에 대한 생각은 조심스럽게, 그 밖의 현실은 당당하게 표현하자. 사람들은 "나만 믿고 따르면 성공한다"고 말하는 임원보다 "좋은 아침입니다!"를 큰소리로 외치는 임원에게 더 큰 신뢰를 보인다.

3

좋은 임원은 '사화만사성'을
외치지 않는다

평생을 IT 전문가로 살아온 박상무의 또 다른 이름은 '색소폰 연주가'다. 박상무의 과장 시절은 팍팍했다. 개발자로서 월화수목금금금, 낮과 밤의 구분 없이 살아왔다. 고객사의 호출에 자다가도 벌떡 일어나 뛰어갔다. 시스템을 유지 보수하기 위해 집은 회사 인근 10Km를 벗어나지 못했다. 바삭거리는 눈처럼 삶도 메말랐다고 회상한다. 어느 날 결혼식에 갔다가 색소폰으로 딸에게 축하 연주를 선물하는 선배를 보고 색소폰에 매료됐다. 그 시절의 박과장은 모니터 보는 것 말고 아름다운 소리를 내고 싶다는 작은 마음의 소리를 들었다. 1년은 너무 바쁜 나머지 색소폰 음악을 듣기만

했다. 일요일 하루만큼은 '내 시간'으로 확보한 후 색소폰과 연을 맺었다. 그 뒤 개발자 박상무는 색소폰 연주자로 사내 송년회 때마다 박수갈채를 받았다. '색소폰 연주하는 CIO 최고정보책임자'라는 캐릭터로 사보를 장식하기도 했다. 그는 신임 임원들을 향해 말한다. 좋은 임원을 꿈꾼다면, 무거운 직책의 가면을 벗어던지고 '진짜 나'로 존재하는 시간이 꼭 필요하다고. '진짜 나'는 퇴근 후에 시작된다.

좋은 임원은 '역할 균형'을 압니다

직장인이 괴로운 이유는 역할갈등 때문이다. 누구나 싫든 좋든, 크든 작든 수많은 역할을 부여받는다. 옆자리 김과장은 김과장이면서 엄마, 며느리, 자식, 이모, 연구자, 누군가의 친구이자 선후배이기도 하다. 제한된 시간 안에 수많은 역할을 해내야 한다. 그렇게 원하는 '워라밸'도 일과 다양한 역할의 밸런스만 있을 뿐, '진짜 나'는 없다. '누군가의 무엇'으로 존재해야 하니 괴롭다.

누구나 인정하는 '성공'을 맛본 임원들도 그렇다. 회사 일에 죽기살기로 매달려 여기까지 왔는데 정작 집에서는 잊혀졌다. 수많은 부장님들이 매일 "같이 저녁 먹자"를 외치는 이유도 따지고 보면 집에서 자신의 입지가 좁아졌기 때문이다. 모두 한 가지 역할에만 힘을 쏟은 탓이다. 상사의 가면, 팀장의 가면, 임원의 가면을 쓰고 오직 '직장인'으로만 살다 보니 역할의 균형이 깨졌다. 좋은 임원은 수많은 역할의 균형에 신경 쓴다. 그간 '사화만사성(회사에서 화목해야 모든 일이 잘 이루어진다)'을 외쳤다면, 원점으로 돌아가야 한다. '사화만사성'이 아니라 '가화만사성'이다. 가정, 진짜 나, 회사 삼박자가 균형을 이룰 때 마음에 평화가 오고 생산성도 오른다.

그저 임원으로만 살지 않아야 하는 이유는 두 가지다.

첫째는 미래에 대한 대비 때문이다. 임시 직원인 임원은 가장 높은 곳에 앉아 있지만 동시에 은퇴 이후를 준비해야 한다. 임원으로만 살다가 집에 가면 '내 자리'는 없다. 사회에서도 그렇다. 임원이자 대학원생, 연구자, 취미를 즐기는 '진짜 나'로 역할 균형을 이뤄온 임원은 은퇴 이후가 두렵지 않다. 오히려 산학협력중점교수, 강사, 재능기부자, 창업으로 2막을 부드럽게 시작한다.

역할 균형을 이루어야 하는 두 번째 이유는 그래야 인간적인 모습이 느껴지기 때문이다. 임원은 회사의 정체성이 곧 내 정체성이라고 생각한다(그렇게 생각해야 임원으로 올라가는 건지도 모르겠다). 업무에 대한 과도한 집중이 로봇 같은 임원, AI 임원을 만든다. 과업지향성이 인간성을 삼킨 경우다. 인간성을 보여주지 않는 리더는 구성원을 이끌 수 없다. 팀원은 모든 게 완벽하면서 냉철한 도시형 임원에게 헌신하지 않는다. 오히려 "가축을 내가 길러 내가 잡아먹지요, 허허허" 하면서 인간적인 웃음을 선사하는 마크 주커버 그에게 마음을 준다. 회사일도 결국 사람의 일이다. 인간미 있는 리더 옆에 팔로워도 있다.

4

좋은 임원은 '관리'가 아닌 '영향력'을 행사한다

관리management 는 권한에 기반해

뭘 해야 하는지 말해주는 것이지만,

리더십leadership 은 직함을 넘어

따라올 수 있는 길을 제시하는 것이다.

— 세스 고딘Seth Godin —

임원들끼리의 단골 이야기 소재는 당연 구성원이다. 팀원들끼리 나누는 이야기의 초점 대부분이 사수, 상사, 팀장, 임원 윗사람을 향하듯 임원도 그렇다. 이들은 늘 구성원의 행동을 걱정한다. 팀장들끼리 협업도 안 하고, 업무 공유도 안 한다고, 젊은 애들은 업무 집중도가 떨어진다고 말이다. 좀 고상하게 말하면 관리가 어렵다는 호소다.

그런데 가만히 이야기를 듣고 있던 모 기업 사장 출신의 김코치가 조용히 말을 던진다. "그럴 때 임원의 행동을 돌아보아야 합니다. 내가 구성원들에게 보여준 행동 말이죠. 임원이 먼저 길을 보여주었는지, 임원이 정보를 공유하지 않았기 때문에 그런 것은 아닌지, 내가 과연 좋은 영향력을 보여주는 리더인지 말이에요. 자식은 그 부모를 보면 압니다."

임원들은 아무 대답 없이 그저 침묵만 지켜야 했다.

관리의 시대는 끝났습니다

드라마에는 유독 젊고 잘생긴 김실장이 등장한다. 수려한 외모와, 우월한 기럭지를 갖추었으면서 심지어 회사의 임원이기까지 한 김실장이 멋지게 전화기를 들며 말한다. "이거 왜 이렇게 처리했어? 당장 내 방으로 와!" "A업체에 왜 이렇게 많이 납품했어? 수량 체크는 한 거야?"

사람들은 여전히 리더의 역할에 대해 흔한 오해를 갖고

있다. 꼼꼼히 하나하나 '관리'해주는 것을 리더의 역할이라 생각한다. 하지만 리더십 전문가들은 드라마 속 '경영전략실장 김주원'을 향해 소리친다. "지금 임원이 수량 50개를 챙기고 있을 때가 아닌데요. 그건 당신 권한이 아니라고요!"

국내 최고 대학에서 경영학 박사학위를 받은 나상무. 그는 경영전략담당 임원이다. 아이러니하게도 그의 수식어는 '마이크로 매니저 Micro-manager'다. 꼼꼼함이 그의 무기였다. 엑셀 시트 500행 정도는 육안으로도 오류를 찾아낸다. 오탈자에 광적으로 집착한다. PPT로 작성한 보고서는 더 위험하다. 줄 간격, 텍스트 크기까지 귀신같이 알아낸다. 잔소리도 덧붙인다. "보고서는 포맷이 생명 아니니, 편집을 꼼꼼히 해야 하지 않겠니, 이렇게 정돈 안 된 보고서를 누가 신뢰 하겠니?"라고 말이다. 세 번 반려는 예삿일이다.

일반적으로 나상무의 말은 구구절절 옳다. 하지만 이것을 '임원' 나상무의 말이라 생각하면 이야기가 달라진다. 나상무는 일의 진행을 돕는 게 아니라 방해하는 사람에 가깝다. 팀원도, 팀장도 나상무 앞에 가기 전, 보고의 포맷을 갖추는 데에 귀중한 시간을 할애하고 있다. 예쁜 장표와 있어빌리티 있어-ability, 있어 보이게 하는 능력를 적용한 그럴싸한 인포그래픽을 준비한다. 보고서 안 수치와 폰트를 여럿이 돌아가며 확인한다. 보고서의 컨텐츠는 뒷전이고, 모두들 보고서의 포맷에 극단적으로 매달린다. 임원이 됐다면 빠른 보고, 적시 보고를 추구해야 한다. 포맷은 최종 결재권자에게 가기 전, 한 번만 정돈하면 될 일이다.

미국의 여성 경영학자, 메리 파커 폴렛Mary parker follett는 이런 명언을 남겼다. "관리자 평가 기준은 얼마나 우두머리 행세를 잘하는가가 아니다. 우두머리 역할을 얼마나 덜 하는가다." 실무자의 세세한 업무처리방식, 일거수일투족을 모두 관리해야 한다는 생각을 버리는 자가 좋은 임원이 될 수 있다. 세세한 것에 집중하면 구성원의 역량은 그만큼 줄어들어버린다. 임원이 세세한 것에 집중하면, 정작 큰 그림은 누가 볼지 의문이다.

조직에서 임원은 연결고리다. CEO와 구성원을 이어주는 연결고리다. 나쁜 임원은 마이크로 매니저다. 세세하게 간섭하는 임원은 직원의 일을 빼앗고 있는 것과 같다. 좋은 임원은 처음 부임하는 날 구성원들에게 신경 써야 할 부분, 신경 쓰지 않는 부분을 명확히 알린다. 권한 위임의 바탕에는 신뢰가 있다. 임원이 구성원을 신뢰하면 '직원의 일을 빼앗지 않을 것'이고, 중요한 일에 집중할 수 있다. 나를 믿어주는 사람에게는 누구라도 마음이 간다. 구성원이 임원을 신뢰하면 스스로 책임을 다할 것이다. 이는 다시 임원의 권한으로 이어진다.

좋은 임원의 역할은 세 가지다. 조직에 필요한 의사결정을 하는 것, 여러 개의 팀이 사일로화Siloed, 부서이기주의 되는지 조망하는 것, 현장 직원들이 통찰할 수 있는 질문을 던지는 것이다. 『하버드비즈니스리뷰』에서는 '신임 리더를 파멸로 이끄는 5가지 덫'을 소개한다. 새로 부임했으나 고전을 면치 못하는 임원들. 그들의 5가지 특성 중 2가지는 '세부 내용에 지나치게 집착하는 것'과 '구성원의 업무에 지나치게 간섭하는 것'이다.

롤모델이 되어주세요

좋은 임원을 꿈꾼다면, 관리 말고 영향력을 행사하면 된다. 선한 영향력을 행사해 '롤모델'이 되어주는 것이다. 조직에서 임원의 행동은 자연스럽게 주위에 전파된다. 조직 분위기에 가장 큰 영향을 미치는 것도, 조직의 방향을 결정하는 것도, 배우고 싶은 의지를 만드는 것도 리더의 역할이다.

임원들에게 일하면서 감동받았던 경험을 물으면 의외의 답이 나온다. 성과에 대한 상사의 칭찬보다 '닮고 싶다'는 후배의 말이 감동적이었다고 답한다. 한 취업포털에서 직장인들에게 선배, 상사, CEO를 롤모델로 삼는 이유를 물었다.

'진보적인 사고방식과 생활 모습을 닮고 싶다'는 답이 가장 많았다. 응답자의 절반은 개인 생활과 커리어 모두를 본받고 싶다고 답했다. 임원의 개인 생활, 커리어는 직원들에게 영향을 미친다. 업무 외의 모습까지 영향력을 미치는 것을 보면 임원의 모든 것이 닮고 싶은 대상이 된다. 일부 대기업에서는 '롤모델'이 될 만한 임원을 육성하는 작업도 시작했다.

갈수록 롤모델이 사라지는 시대다. 존경받던 사람이 나락으로 떨어지는 순간들이 언론을 장식한다. 초등학생들의 꿈은 유튜버고, 중고등학생쯤 되면 이미 롤모델이 없다고 대답한다. 심지어 중등교육 현장에서는 '롤모델 리스트'까지 제공한다. 여러 인물들의 하는 일, 특성을 적어 롤모델을 고르라고 제안하는 현실이다.

기업도 마찬가지다. 저 위에 앉은 상사로부터 비전을 발견하지 못하면 직원들은 길을 잃는다. '내 미래가 저 상사라고 생각하니 우울해서' 퇴준생(퇴사준비생) 길을 택한다. 임원이 구성원의 롤모델이 되는 법은 세 가지다. 하는 일의 성과로 존경받거나, 보유한 지식으로 인정받거나, 인간적인 본연의 모습으로 닮고 싶게 만들거나. 삼박자가 균형을 이루면 더할 나위 없이 좋은 임원이다.

5

좋은 임원은 '성과'처럼 '마음'도 관리한다

임원들에게서 흔히 듣는 이야기가 있다. "직원들을 관리하고 싶어도 시간이 없어요." 면담이나 공식행사로 직원 마음을 듣는 '관리 타임'을 만들어야 한다고만 생각하기 때문이다.

윤리경영실 유상무는 질문왕이다. 그는 보고하러 오는 직원에게 수시로 질문을 한다. "그래, 김차장은 애가 몇 살이라고 했지? 입사는 2004년이랬나?" 유상무의 질문에는 문제가 있다. 지난번 물은 걸 또 묻고 또 묻는다. 유상무의 방을 나서면서 김차장은 말한다. "또 호구조사 하셨어." 유상무의 호구조사가 유쾌하지 않은 이유는 '나에게는 관심이 없구나'를 느끼게 해서다. 아무리 기억할 게 많은 임원이라고 해도 매일같이 얼굴 맞대는 직원의 기본 사항조차 기억하지 않다니, 그 마음이 서운하다.

반면 윤상무는 '부드러운 카리스마'로 알려져 있다. 인격적 오만은 눈을 크게 떠도 찾기 힘들다. 특히 그녀의 성품은 떠나는 직원을 품을 때 드러난다. 주위를 둘러보자. 조직을 뒤로한 채 새로운 길 떠나는 직원을 진심으로 축복하는 상사가 몇이나 될까. 고시를 패스하거나 유학길에 오르지 않는 이상 배신자 소리 안 들으면 다행이다. 우리 조직에서 기획한 제도나 아이템을 밖에서도 활용할까 전전긍긍하는 팀장도 많다. 윤상무는 사직서 결재를 할 때면 이름과 퇴사 일자를 적어둔다. 사직서 속 '개인 사유' 뒤의 진짜 퇴사 이유도 반드시 듣는다. 근무 마지막 날, 문밖을 나서는 홀가분함과 두려움, 아쉬움으로 만감이 교차할 직원에게 장문의 메일을 보낸다. '어디서든 우리 회사 출신이라는 자부심을 가지세요'로 끝마치는 윤상무의 이메일은 회사에서 보기 드문 따뜻한 이메일이다. 윤상무와 함께했던 직원들은 윤상무의 편지를 출력해 고이 품고 문밖을 나선다. 훗날 시간이 흘러 윤상무를 떠올리면 따뜻한 기운마저 감돈다. 세상은 참 좁다. 누군가 젊은 시절 윤상무를 안다고 말했을 때, 회사에서도 따뜻한 임원이라고 말을 보탰다. 따뜻한 마음과 성품은 누군가의 마음에 남아 두고두고 회자된다. 메마른 회사에서 보기 드문 따뜻함, 두 배 더 가치 있다.

낀 과장들을 챙겨주세요

직장인은 관심이 필요하다. 정확히 말하면 윗사람의 관심이다. 악착같이 이루어낸 결과물 앞에서 과정의 힘듦을 헤아려 주는 상사에게 감사함이 배가 된다. 임원이 영향력을 발휘해야 할 사람은 무수히 많다. 그중에서 좋은 임원은 중간 직급 직원에게 관심을 1.5배 더 쏟는다. 과장-차장 언저리의 중간 직급 직원들은 소외감을 느낀다. 책임은 무거워지는데 사실상 권한은 없는 탓에 외롭고 괴롭다. 중간 직급 직원이 부적응을 호소하면 "네가 신입이냐", 방향성을 제시하면 "그냥 네가 팀장해라"라는 소리를 듣는다. 위에서 누르고 아래에서 친다. 조직에서 샌드위치 햄의 위치다. 이 시대의 모든 직급 중에서 과장들의 직장 행복지수가 가장 낮게 나타나는 이유도 여기에 있다. 업무상 가장 중요한 위치에 있으면서도 정작 조직에서 환영받지 못한다고 느낀다.

조직에서 구성원의 스트레스는 악순환의 시발점이다. 스트레스의 상당 부분이 상사, 동료, 부하와의 부정적인 감정 상태에서 비롯한다. 스트레스는 반드시 갈등이 된다. 갈등은 상하좌우로 움직이고 커진다. 이를 막는 방법은 윗사람의 어루만짐이다. 이러지도 저러지도 못한 채 묵묵히 주어진 일을 해치워야 하는 중간 직급자들의 마음을 다독이는 것이 첫 번째다. 피라미드 꼭대기에 앉은 임원의 관심 앞에서 수많은 과장들은 어깨가 불끈 솟는다. 하는 일에 대한 관심도 좋다. 더 좋은 방법은 사람 자체에 대한 관심을 보여주는 거다. 좋은 임원은 김과장의 감정 상태에 대하여 대화를 시도한다. 복도에서 마주치는 순간, 엘리베이터가 올라가는 찰나도 관심을 표현할 수 있는 소중한 기회로 삼는다. 조직에 대한 로열티와 직무만족도를 높이는 비결이다.

'홍삼' 말고 '공감' 주세요

구체적으로 어떻게 표현해야 좋을까. 당장 마트 문을 두드려 홍삼 한 포씩 돌려볼까, 마음 관리 교육 과정을 열어줘야 할까. 하지만 고작 하루만 관리하고 끝내서는 안 된다. 좋은 임원들이 직원들의 마음을 관리하는 시점은 '평상시'다.

리더십을 둘러싸고 학자들은 담론을 쏟아낸다. 두 명 이상이 모인 집단에서는 반드시 리더십이 존재하기에 모두가 리더십 담론을 쏟아내는 전문가로 빙의한다. 전문가든 비전문가든 사실 말하는 사람은 중요하지 않다. 리더십을 경험했던 사람들의 일괄된 흐름이 중요할 뿐이다. 이미 리더십을 둘러싼 현장에서는 '격려 리더십', '마음 리더십', '섬김 리더십', '서번트 리더십', '감성 리더십' 등에 주목한다. 이름만 다를 뿐, 핵심은 같다. '구성원 마음 관리의 중요성'을 말한다. 리더와 구성원 간의 신뢰, 마음 관리, 내면의 교류를 강조한다. 리더십을 말하는 사람은 많아도 리더와 구성원 간의 건강한 관계가 리더십의 본질이라는 사실에 이견을 말하는 경우는 없다.

인간 중심 상담학의 창시자, 칼 로저스Carl. R. Rogers 는 무조건적 수용Unconditional positive acceptance 이라는 개념을 제시한다. 구성원과 마음으로 교류하는 좋은 임원은 무조건적 수용을 보여준다. 그리고 무조건적 수용에 필요한 것은 공감적 이해와 일관적 진실성이다.

공감적 이해를 나타내려면 "김과장, 프로젝트 때문에 요즘 힘들지? 얼마나 고생하고 있는지 잘 알고 있다네. 내가 도움 줄 수 있는 게 있으면 언제든지 찾아와"라고 말해주면 된다. 물론 진짜로 찾아오는 김과장은 없다. 그래도 상무님의 한 마디는 소고기 국밥 들이킨 든든함과 맞먹는다. 공감Empathy 은 동정Sympathy 과 다르다. 공감은 상대방의 힘든 상황에 들어가 누워주는 것이고 동정은 "아이고 힘들겠다. 쯧쯧" 하며 외부인 시각으로 바라보는 것이다. 그간 만났던 상사들을 떠올려보자. 우리는 그저 '공감'을 원했을 뿐인데 상사는 평가와 충고를 주거나, 아예 대놓고 심문을 한다. "그 정도는 아무것도 아니야. 별것도 아닌 일로 유난 떨기는……"과 같이 평가하거나, "그래? 그래서 넌 어떻게 했어? 그다음에는 뭐 할 건데?"와 같이 심문하는 일이 다반사다. 혹은 "너만 그런 것 아냐, 다른 팀 과장들도 다 그렇게 살아"처럼 일반화하며 문제를 깎아내리지는 않았는지 돌아볼 때다. 가장 난감한 상황은 상사가 독심법을 보여줄 때다. 김과장이 "아니에요, 괜찮아요"라고 할 때 상사는 궁예로 변신한다. "괜찮긴 뭐가 괜찮아. 아닌 거 다 알아. 내가 널 10년을 봤는데 모르겠어?"라면서 자의적 독심법mind-raping을 선보인다. 흔한 상사의 모습이다.

좋은 임원을 꿈꾼다면, 이 모든 문장을 경계해야 한다. 더 나쁜 리더는 일관성이 없는 경우다. 기분 좋을 때는 공감해주면서 다음 날 주가가 떨어진다고 짜증 섞인 심문을 늘어놓으면 그야말로 최악이다. "힘들지?"라는 말에 영혼이 담겨 있지 않다면 진실성을 느끼기 힘들다. 좋은 임원은 공감을 일관되게 표현하면서 마음을 나눈다.

머리로 하는 이해는 늘 쉽다. 반면 표현과 실천은 어

렵다. 『마음으로 리드하라』는 리더와 구성원의 신뢰 구축 함수를 다음과 같이 제시한다.

$$(\text{신뢰}) = \text{역량} \times \text{개방성} \times \text{관심} \times \text{일관성}$$

임원과 구성원이 서로 훌륭한 역량이 있다고 믿을 때, 거짓이 없고 투명할 때, 진정한 관심을 일관적으로 보일 때 비로소 신뢰가 형성된다. 어느 것 하나라도 0(제로)이 되면 신뢰는 사라진다. 공감적 이해와 일관적 진실성으로 마음 나누기, 좋은 임원을 꿈꾸는 사람들을 위한 칼 로저스의 현명한 가르침이다.

6

좋은 임원은 '후생가외'를 실천한다

E사의 대표이사가 바뀌었다. 새 대표이사는 외부에서 모셔 왔다. 일명 전문경영인이다. 지금껏 그의 손길이 닿는 회사 는 괄목할 성과를 이뤄 언론의 스포트라이트를 받았다. 그 런데 새로운 대표이사가 부임한 후 이상한 일이 일어났다. E 사 임원들의 '노란 메신저' 프로필 사진이 하나, 둘씩 바뀌 었다. 전문 사진사와 포토샵의 힘을 빌린 홈페이지용 프로 필 사진을 상상했다면 오산이다. 프로필 사진은 일제히 개 사진으로 바뀌었다. 개, Dog 사진이다.

새로운 대표이사는 애견인으로 알려졌다. 두 마리의 비 숑 프리제를 금이야 옥이야 키운다. 새 대표이사가 사적으로 하는 대화의 절반도 개 이야기다. 처음 임원이 됐을 때 선물로 L사의 명품 개 목줄을 선물 받았다는 식의 이야기들이다. 짐승은 집 안에 들이는 게 아니라던 임원들도 행간을 읽었다. 이어서 빠른 태세 전환을 선보였다. 한 발 더 나가 아예 입양해 기르기 시작한 임원도 있었다. 직원들은 임원들의 노력이 가상하다고 혀를 쯧쯧 찼다.

극단적인 사례라고 생각하는가. 안타깝지만 사실이다. 임원의 눈은 위를 향하는 경우가 많다. 상무는 전무를, 전무는 부사장을, 부사장은 사장을, 사장은 부회장과 회장의 안색을 살핀다. 반면 임원이 구성원을 볼 때는 '나보다 모르는 사람, 경험이 부족한 요즘 것들'로 치부하기 쉽다.

직장인으로서 상사를 향하는 눈이 나쁘다는 것은 절대 아니다. 다만, 임원의 영향력은 양옆, 아래로 골고루 뻗어가야 한다. 위만 하염없이 바라보다가는 꼭 붙잡아야 할 중요한 인재를 놓치고 만다. 걸을 때도 앞을 봐야 하건만, 정작 앞은 보지 못한 채 등한시하는 대상이 너무도 많아진다. 좋은 임원은 자신의 성과를 만들어주는 사람도, 손발이 되어 움직이는 사람도 구성원임을 안다. 후배들은 갈급하다. 아래로 관심을 표현해주는 임원을 위해서라면 응당 시간과 노력을 쏟을 준비가 돼 있다.

후생가외를 실천해주세요

직장은 여전히 '직급불패'의 현장이다. 직위가 곧 힘이다. 상사들은 가진 게 직급밖에 없느냐는 불만이 터져 나온다. 소위 '짬밥' 좀 먹어야 목소리를 낼 수 있다. 상사와의 의견 충돌이 있다면, 이미 승자는 정해져 있다. 높은 사람이 옳고 낮은 사람은 '경험이 부족해서 잘 모르는 것'으로 결론이 난다. 직위가 낮을수록 회사 가는 발걸음이 더 무거운 이유다.

　직위가 높으면 걸어온 길이 곧 역사가 된다. 회사의 변천사는 물론이거니와 제도가 나타난 배경까지 알고 있으니 어떤 회의를 가도 할 말이 많다. '네가 히스토리를 알기나 하냐'는 올드맨과 '시대는 바뀌었다'며 업데이트 권하는 프레시맨. 어디에 방점을 찍어야 할까? 이렇게 답변하고 싶다. 좋은 임원은 '후생가외後生可畏'를 실천한다.

　공자님은 말했다. 뒤에 난 사람(후생)을 가히 존중하라고. 먼저 태어나면 선생先生이고 뒤에 태어나면 후생後生이다. 이제 자라나는 어린 사람이나, 수양修養 과정에 있는 젊은 사람들을 두려워하라고 했다. 무한한 가능성을 지니고 있기 때문이다. 공자님은 뒤에 난 사람이 선생만 못하리라는 것을 어찌 알 수 있겠냐고 하면서 후생들의 목소리를 대변한다. 회사에서 모두가 '매니저'고 '님'이라서 직급이 사라진다 한들, 뒤에 난 사람들의 의견은 '들을 가치 없는' 말로 치부되거나 발언 기회조차 돌아오지 않는다. 오늘도 수많은 김신입, 이대리들은 묵묵히 묵언수행을 이어간다. 직장인의 행복은 나이순이라는 말도 전혀 틀린 말은 아니다.

좋은 임원을 꿈꾼다면, 후생가외 해야 한다. 이유는 세 가지다. 첫째, 임원의 방향을 실행에 옮겨줄 인재를 양성하기 위해서다. 좋은 후배를 만나는 것은 운이며, 운을 만드는 것은 알고 보면 임원 자신이다. 후생가외를 실천하면서 후생들의 이야기를 경청하고, 존중할 때 팔로워십도 생긴다. 가진 능력을 펼쳐 보이고 싶은 마음도 나를 존중하는 상사 앞에서나 생기는 법이다. 소위 '요즘 것들'은 정보를 얻는 루트가 다양하다. 형식과 틀을 깨는 일만큼은 임원보다 능하다. 후생이 가진 것을 존중하면 성과가 난다. 젊은 아이디어를 수혈 받는 것은 덤이다.

둘째, CEO 질병을 예방하기 위해서다. CEO 질병은 '구성원들이 정작 중요한 정보를 임원에게 드러내지 않고 감추면서 생기는 정보의 공백'을 말한다. 임원이 후생들을 인격체로 존중하지 않았다면 후생들은 일과 관련한 진짜 이면을 보고하지 않는다. 조직에 깊숙이 자리 잡은 '진짜 정보'를 임원은 알 길이 없다. 게다가 일이 아닌 이야기는 더더욱 하지 않는다.

셋째, 임원의 인격적 오만을 예방할 수 있다. 고위직에 가까워질수록 문제시되는 것이 오만Hubris이다. 조직의 '별'에게서 보이는 오만은 크게 두 가지다. 경영적 오만Business Hubris과 인격적인 오만Personality Hubris이다. 경영적 오만은 오랜 과거부터 리더십에 지대한 영향을 끼쳐왔다. 이 때문에 오만을 다루는 '오만학회'도 생겼고, 경제전문지에서는 경영자 오만포럼Hubris Forum까지 실시한다. 경영적 오만은 임원 특유의 고질병이다. 기존의 성공 경험에 의존해 무모한 경영을 하는 것을 말한다. 그런데 인격적 오만은 경영적 오만보다 더 무섭다. 임원이 겸손함을 잃고 '내가 왕이다'와 같은 사고에 빠진 상태가 인격적 오만이다. 이런 리더는 갑질에 능하다. 그리고 갑질만 하는 인원을 진심으로 따르는 직원은 없다.

참고문헌

— 강원국, 『회장님의 글쓰기』, 메디치미디어, 2014.

— 김대영, 『평판이 전부다』, 매일경제신문, 2016

— 김민섭, 「김민섭의 변방에서 - 이제 그만 'ㅇ업' 하시면 어떨까요」, 『중앙일보』, 2017년 7월 29일

— 류지성, 『마음으로 리드하라』, 삼성경제연구소, 2011

— 린다 A. 힐, 켄트 라인백, 『보스의 탄생』, 시드페이퍼, 2012

— 마이클 J 겔브, 『거인의 어깨 위에 올라서라』, 청림출판, 2003

— 박슬라 역, 『회사형 인간 *Why Work is Weird?*』, 웅진윙스, 2006

— 스튜어트 다이아몬드, 『어떻게 원하는 것을 얻는가』, 에이트포인트, 2017

— 엘레나 보텔로, 킴 파월, 탈 라즈, 『이웃집CEO』, 소소의책, 2018

— 윌리엄 맥어스킬, 『냉정한 이타주의자』, 부키, 2017

— 전재권, 『착각에 빠진 리더, 의사결정을 망친다』, LG경제연구원, 2010

— 칩 히스, 댄 히스, 『스틱!』, 엘도라도, 2009

— 황인경, 박지원, 『조직 내 침묵 현상 *Organizational Silence*』, LG경제연구원, 2008

— Bennis, W. G., *On becoming a leader*, Rev. and updated, New York: Basic Books, 2009

— Brent. L. S. Coker, "Freedom to Surf: The Positive Effects of Workplace Internet Leisure Browsing", *New Technology, Work and*

Employment, 26(3), 2011, pp238~247

— Burson-marsteller, *CEO Reputation Study*. BELGIUM, 2003

— Carl. R. Rogers, *Counseling and psychotherapy*, Boston: Houhton Mifflin, 1942

— Danziger, S., Levav, J., & Avnaim-Pessoa, L., "Extraneous factors in judicial decisions", *PNAS Proceedings of the National Academy of Sciences of the United States of America*, 108(17), 6889~6892, 2011

— Daniel Goleman, "What Makes a Leader?", *Harvard Business Review*, 1998

— Daniel Goleman, "Leadership that Gets Results", *Harvard Business Review*, 2000

— Dulewicz, V., & Higgs, M., "EIQ-Managerial User Guide", *EIQ*, Windsor, 2000

— Elliot Aroson, Ben Willerman, Joanne Floyd, "The effect of a pratfall on increasing interpersonal attractiveness", *Psychonomic science*, 4(6), 227~228, 1966

— Englich, B., Mussweiler, T., & Strack, F. (2006). "Playing Dice With Criminal Sentences: The Influence of Irrelevant Anchors on Experts' Judicial Decision Making", *Personality and Social Psychology Bulletin*, 32(2), 188~200, 2006

— Ferris, G.R. & Blass, Fred & Douglas, Ceasar & Kolodinsky,

Robert & Treadway, Darren, *Personal reputation in organizations.* *Organizational Behavior: The State of the Science*(2nd Ed). 211~246, 2003

— Gary A. Williams and Robert B. Miller, *Change the Way You Persuade*, Harvard Business Review, 2002

— James M. Citrin & Thomas J Neff, "Lessons from the Top", *Business & Economics*, 1999

— John C. Maxwell, *Leadership Gold: Lessons I've Learned from a Lifetime of Leading*, HarperCollins Leadership, 2009

— Leslie, J. B. & van Velsor, E., *A look at derailment today: North America and Europe*, Greensboro, NC: Center for Creative Leadership, 1996

— Luks, A., Payne, P., *The healing power of doing good: the health and spiritual benefits of helping others*, New York: Fawcett Columbine, 1992

— Mandell, Arnold J., *The second second wind*, Psychiatric Annals, 9(3): 57, 61~63, 1979

— McCall, M. W. & Lombardo, M. M., *Off the track: Why and how successful executives get derailed*, Greensboro, NC: Center for Creative Leadership, 1983

— M.G. Marmot, S.Stansfeld, C. Patel et al., "Health inequalities

among British civil servants: the Whitehall II study",
EPIDEMIOLOGY, 337(8754). 1387~1393, 1991

— Oppezzo, M., & Schwartz, D. L., "Give your idea some legs:
the positive effect of walking on creative thinking", *Journal of Experimental Psychology: Learning, Memory, and Cognition*, 40(4), 1142~1152, 2014

— Tenney, E. R., Meikle, N. L., Hunsaker, D., Moore, D. A., & Anderson, C., "Is overconfidence a social liability? The effect of verbal versus nonverbal expressions of confidence", *Journal of Personality and Social Psychology*, 116(3), 396~415, 2019

임원이 된다는 것

대기업 임원 500명을 만나면서 얻은 **인사이트**

초판 1쇄 발행   2020년 3월 27일

지은이   김혜영
펴낸이   최용범

편집   김소망, 박호진
디자인   김태호
관리   강은선

펴낸곳   **페이퍼로드**
                paperroad
출판등록   제10-2427호(2002년 8월 7일)
주소   서울시 동작구 보라매로5가길 7 1322호
이메일   book@paperroad.net
페이스북   www.facebook.com/paperroadbook
전화   (02)326-0328
팩스   (02)335-0334
ISBN   979-11-90475-10-5(03320)